# 與山的一支獨舞

與自己同行，阿爾卑斯山攀登之旅

林雋——著

三民書局

# 外婆教會我的最後一件事

二〇一九年，升大三前的暑假，我進行了一趟瑞士馬特洪峰 (Matterhorn) 之旅。 就我所知，自序通常是寫和書本身有關的內容，或是談談創作理念，但接下來我要說的故事，主角是我的外婆，和馬特洪峰多少有些關聯。

這次旅行我拍了不少照片，隔年暑假辦了一場「與山的一支獨舞」攝影展。籌備之初，我想請外婆在開幕會上說一段話。起先她覺得不好意思而有些抗拒，但我知道她只是半推半就。最後，她還是答應了。

開幕會當天，外婆與家人一同前來。致詞時，她拄著拐杖，從人群中緩緩走向講臺。她接過麥克風的手，因為疾病的關係而有些無力，但仍神情自若地一手扶著桌子發言。我看見她眼中的光芒，

這是她第一次站在這麼多人面前說話。

「爬上那座馬特洪峰的山頂，你站的所在，比飛機還要高。」外婆沒有特別準備，卻能吸引大家聚精會神地聽，笑中含淚。

我事後跟她說：「外婆，它沒有那麼高啦！」她則哈哈大笑回答：「這哪有關係？飛機是用汽油送上去的，你是用手腳爬上去的，當然是你比較高啊。」

看起來，能站在臺上和大家講話，她相當開心。這份光榮感雖然微不足道，但仍給她留下愉快的回憶。

在上大學以前，只有春節初二回娘家和母親節時，家人會與外婆一起聚餐慶祝。除此之外，我和外婆的生活少有交集。我在臺中，她在臺北，居住的距離使我們沒有特別親近。

後來我到臺北讀大學，離外婆家不遠，她偶爾會打電話關心我，我也會去找她吃飯。

當外婆得知我會在宿舍裡煮飯，每隔幾週她就會提著裝滿滷肉醬汁和青菜的保溫鍋，毫無預警地出現在學校側門，也不管我到底有沒有在學校，只想著要把熱呼呼的食物送到我手裡。個性直率的外婆這一點和我很像，總是先做了再說，是個行動派的長者。

大三時，外婆就醫發現癌症，且是末期，再也去不了別的地方，遑論帶食物給我。以前，我認為外婆的身體在同年齡的老人中算是十分硬朗的。篤信佛教的她，在我攀登馬特洪峰時，還多次到龍山寺為我祈求順利平安。

當母親通知外婆我已經順利登頂，也安全下山時，外婆還說：「菩薩有保佑，真好真好！我再去廟裡面給菩薩感恩多謝！」

馬特洪峰之行，母親支持我，連外婆知道時也沒有講什麼「危險啊！不要去！」之類的話，反而直說少年出英雄，回來了再帶我去吃東西慶祝。她們和傳統的長輩不一樣，是打從心底相信我會平安歸來。

外婆年輕時家境富裕，外曾祖父是臺中大甲的油商及堪輿師，所以我覺得外婆有不同於一般長者的優雅，也重信諾。但再次看見

外婆時，她已經躺在醫院病房，臉頰消瘦許多，面色也不如幾個月前紅潤。

「外婆以後沒辦法再送滷肉過去給你，也不能和你一起去吃紅豆餅，抱歉外婆失約了，要記得將舅媽的鍋子拿回來還她。」這是她發給我的最後一則訊息。

〰

展覽結束後一個多月，外婆的病情急轉直下。她就像陷入流沙的駱駝，越是掙扎想要活下去，就陷得越深。最後，病魔的摧殘使她身心俱疲，日日夜夜產生譫妄症，總是說著有人要來帶她走。

二〇二〇年十一月二十五日晚上，母親來電，平靜地說：「現在過來，要跟外婆道別了。」這天稍早，母親一直和主治醫師聯絡，推測外婆的身體狀況已經不能久撐。她趕往龍山寺求籤，籤詩寫著：「路險馬行人去遠，失群羊困虎相當，危灘船過風翻浪，春暮花殘天降霜。」她明白了，馬上趕往醫院，決定當晚接外婆回家。

我抵家時，在玄關看見母親的眼眶紅腫泛淚，阿姨和舅媽跪在地

上泣不成聲，穿著西裝的禮儀人員已經到場。我錯愕得不知如何反應，因為從來沒有這麼親近的人從我生命中離開過。

母親說，救護車將外婆從加護病房載回家後，戴著氧氣罩的外婆一看到熟悉的天花板，神情立刻放鬆，憋屈的嘴角也拉成琴弦般的水平。她知道她回家了。

我們家的人一向堅強，或可說是好強，但這時的外婆無比虛弱地躺著，維持器也阻止不了她的呼吸一點一滴地減弱。就像森林中最強壯、孕育最多生命的那棵巨木，慢慢地被蟲蛀空一樣。

我走到床邊握著她的手，雖然仍有些溫度，卻毫無神經反應。我知道，這是最後和外婆說話的機會了。「外婆，我來看妳了，妳要安心，我會照顧好自己，也會照顧媽媽、姊姊，不要掛念我們，好嗎？」外婆睜眼望著天花板，像是要看穿水泥屋頂。她要離開這座不屬於她的城市了。

從外婆離世到告別式的這段期間，我用相機記錄了許多她安詳的

永眠面容。看著曾經活蹦亂跳的外婆回歸塵土，這是我第一次如此近距離記錄死亡。

原來死亡不只是停止呼吸這麼簡單。它代表往後的日子都只能透過記憶去找到一個人。當記憶消失，這個人也就永遠告別了。

而登山就是一件離死亡很近的事。在我登頂後一週，就有兩位登山者罹難。當我想像他們走過有我留下足跡的道路，他們的死亡無形中便和我產生了連結。我可能會因為登山而死亡的事實，重擊了我的自信。

在本書一開始記敘我的外婆，描繪親情與死亡，是想說明冒險從來不只是個人之舉。外婆教會我的最後一件事，是風險代價的真正意義。

我在攀登馬特洪峰成功後，給自己寄了一張明信片，對自己說：

「只有冒險才叫活著，只有活著才能繼續冒險。」

外婆八十二年的人生冒險結束了。也許此刻她正在「比飛機還要高」的那個地方看著地球。

未來她也一定會看到，登上其他高山的我。

林　雋

二○二一年九月

# 目 次

## Prologue  夢想之巔

## Part I  上山之前

## Part II 馬特洪峰攀登記

## Part III 另一座山

# 地圖集

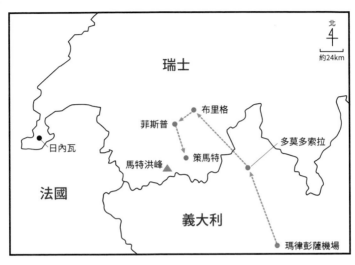

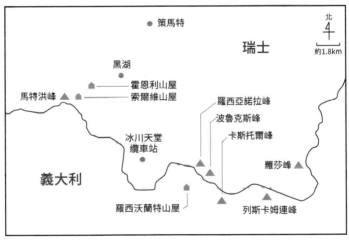

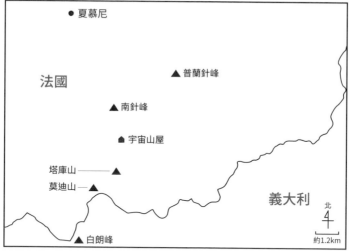

Prologue

# 夢想之巓

# 夜空下的血紅色山脊

我有可能站上此山之巔，看看數百年來人
們所追尋的夢想嗎?我究竟在追逐著什麼?
必須賭上生命的什麼……

二〇一五年七月十三日，為了慶祝人類首次攻頂瑞士馬特洪峰一百五十週年，數百名登山玩家沿著愛德華・懷伯爾 (Edward Whymper) 團隊一百五十年前走過的霍恩利 (Hörnligrat) 路線點燈。 在攝影師勞勃・博世 (Robert Bösch) 的鏡頭下，霍恩利路線在黑夜裡化身為一條血紅色山脊，在策馬特 (Zermatt) 的夜空下低鳴。

勞勃・博世
拍攝血紅色
山脊

從那一刻起，這座山的樣貌便深深烙印在我的腦海中。往後的四年裡，我偶爾能在一些地方瞥見它的身影，例如電影的開場、瑞士的三角巧克力 TOBLERONE，或是被稱為「瑞士機器人」的烏里・斯特克 (Ueli Steck) 攀登北壁的挑戰影片。這時，那條血紅色山脊的畫面又會浮現。

烏里・斯特
克攀登壁北
影片

攀登這座山的想法始終存在，只是何時能夠去實現，一直是個未解的謎。面對那樣一座雄偉之山，到底要具備什麼能力才有資格攀登？

二〇一七年開始爬山以來，從一開始受到風景吸引而十分嚮往的百岳，到大學加入了登山社以後接觸了勘查、攀岩與溯溪，在看似沒有任何規律的登山活動裡，隱約能夠感受到我正朝著技術攀

登的型態前進。後來接觸了攀岩，前述問題的方向也漸漸清晰。這些經驗間接導引我立下了攀登馬特洪峰的目標。

兩年後，再次看著馬特洪峰的照片時，我感覺它已經不是那麼遙遠的一座山了。

但我沒有任何夥伴。至少在我認識的人裡，沒有人會願意加入我。

要從登山社找也幾乎不太可能。因為大多數社員認為我缺乏安全觀念，是個隨時會失控的未爆彈。

我並不否認這一點。從學校社團的角度來看，我對登山的態度過於輕浮。在登山社的登山審查機制中，我提出的登山計畫往往被認為不合格。久而久之，我也成了偶爾才出現的幽靈社員。

箇中原因其實不難理解。訂立高標準的審核機制，是為了降低發生山難的可能性。一旦發生意外，學校必定會向下施壓，對社團造成莫大的衝擊。

但相反地，我也認為登山社的觀念過於保守。如果我要執行攀登

馬特洪峰這樣的計畫，登山社對這個領域還是相對陌生的。對於不確定的事物，誰也不能對自己的建議負起責任，海外攀登更是如此。

於是，我只能把這個計畫藏在心裡，默默思考如何達成。

某個週末，我和我媽閒聊近況，順道提了我想去爬馬特洪峰。

她說：「如果你有想達成的目標，那就放手去做吧。青春稍縱即逝，很快你就會離開學校，要工作、要生活，就算你有動力，也沒有充裕的時間去做想做的事了。在合理的範圍內，我會支持你完成目標，但要給我你的計畫，這也是一種訓練。」

這並不困難，真正麻煩的是另一件事。

「但我有一個問題，你要跟誰去？」果不其然，她問了最重要的問題。

「我打算**獨攀**，不過要是路上可以找到同伴，我也不排斥一起去爬。」我說得輕鬆。跟剛開始登山時一樣，把一切過度理想化。

「你會不會太天真啊！誰會像你一樣到那邊才開始找隊友，實際一點去僱個嚮導吧！」她覺得我根本是在開玩笑。

「我查過了，一天四萬，還要包他們的食宿跟交通，而且那樣爬山跟遛狗有什麼差別？」這句話瞬間點燃我們爭論的導火線。

「遛狗又怎樣？看你是要當狗，還是要死在半路沒人發現，你自己好好想清楚吧。而且為什麼一定要獨攀？像以前你在登山社那樣，乖乖找個隊友不好嗎？」

「獨攀只是一種方式，不代表絕對危險，也不是有隊友就比較安全，而且妳知道……」我話音未落。

「你覺得我有辦法接受嗎？要是你出了什麼事，還不是要我飛過去把你的屍體運回來。」她的語氣變得更加嚴厲。

「不要把所有事都往最壞的地方想可以嗎？」

「就是要往最糟糕的方向去想，當意外發生時才有餘裕面對。我們凡事都要謹慎。」

「所以走到馬路上就會被車撞，在廚房開伙就會引發火災，只要活著就要戰戰兢兢的？妳剛剛不是才說放手去做嗎？」

「你老是這樣鑽牛角尖。你愛去就去吧，我不想跟你說了。」

「我需要妳相信我可以做到，這是對我最大的支持。不要用一句『我不想跟你說了』就終止對話。」

「所以我說『我相信你』就夠了嗎？我有多擔心都不能表達？這樣說好了，你覺得爬山的人在追求什麼，以至於要賭上自己的性命？難道他們都沒有家人嗎？也許是你太過自私。」

「爬山的人在追求什麼，以至於要賭上自己的性命？」

這問題太過深奧，回到房內的我一瞬間分不清身在何處。

回顧過去將近十年，我都在外生活，不斷地奔波，像一朵飄忽不定的浮雲。因為從來沒有真正地停留在一個地方過，也許我死前所看到的跑馬燈，會因為畫面太多而模糊不清吧。

明明房內每個角落都曾經看過，從記憶中抽絲剝繭後，卻又有著道不出的陌生。

我有認真看待過它們嗎？還是打從出生以來，我就只在乎自己的存在，其餘一切就置之度外，連房間都只是走馬看花的一環。

死亡是什麼？當身旁的人死去，我會有流淚的能力嗎？當身體化為塵土，我能夠持續感知外在嗎？還是就如拔斷電源的螢幕，一切歸為黑暗虛無？

**夢想的價值決定於達成的方式。**

若一個人堅持己見到了執迷不悟的程度，毫不顧慮自己出了意外是否會影響身邊的人，那樣的夢想即使達成了也不會令人開心。

我總認為，在山上自由自在固然讓人嚮往，但在不斷追求更遙遠

目標的同時，是否無意間闖入了另一個不自由的框架？例如一生只會爬山，下了山卻無法正常生活。登山成了逃避現實的手段，而夢想和現實之間是否存在妥協呢？

住在滿是鐵皮加蓋的城市裡，我嘗試想像窗外連綿的鏽色屋頂就是圍繞馬特洪峰的群山。如同海市蜃樓的幻影，馬特洪峰依舊在我的腦海中搖曳著。

我有可能站上此山之巔，看看數百年來人們所追尋的夢想嗎？我究竟在追逐著什麼？必須賭上生命的什麼。

三年來我試圖解釋自己為什麼痴迷於山，卻怎麼也得不到發自內心認同的答案。

我只知道，不爬山時，我能想到的只有與山有關的一切。

Part I

# 上山之前

## 絕非隨口說說

櫃檯人員從玻璃窗口下塞了一張寫著
Visp 的紙條以及一顆枇杷給我，並祝我一
切順利……

二〇一九年放暑假前，我一邊準備期末考，被排山倒海而來的課業給淹沒，一邊逐步完成每週的訓練計畫——長跑、重訓、攀岩，吃飯時就打開 YouTube 看技術攀登的教學影片。隨著出國的日期逐漸接近，不安的心情也越來越大。

七月八日這天終於來臨，要出發了，是下午一點的班機，一早我便背著大袋行李與背包，跟我媽一起到客運站。在這之前，我們已經討論過很多次，我不斷說明我會做足準備再去攀登，絕非隨口說說，這是經過深思之後的決定。最後她也慢慢接受我要獨攀的事實，雖然時不時還是會叮囑我去找個嚮導。

分離前，在車站門口，我媽叫住了我。

「我沒有不相信你，我只是擔心。」

她對那次爭執依舊耿耿於懷，尤其對我偏激的言論很是不滿，且我從未道歉。但我也知道，她不希望我帶著這段回憶出發，所以選擇獨自承受。

我們用揮手代替說不出口的再見，因為我不能保證能平安回來。

這次的行程安排我可是煞費了苦心。

因為瑞士物價高昂，我希望減少待在瑞士的時間，所以選擇不直接飛到瑞士，而是將機票拆成兩張，臺北到吉隆坡一張，吉隆坡到米蘭一張，後面這張票是在曼谷轉機，總共三段航程，最後從米蘭搭火車進入瑞士的策馬特。

由於機場動線複雜，再考量出入境、領行李、班機誤點等情況，轉機時間難以估算，像是在玩機場版的大地遊戲，十分考驗行前安排機票的能力。「就當作是訓練的一環吧」，我這樣安慰自己。

抵達吉隆坡後必須先入境，重新報到領第二段票。七月九日凌晨，順利在曼谷搭上前往米蘭瑪律彭薩機場 (Malpensa airport) 的班機。

一入座繫上安全帶以後，我幾乎是倒頭就睡，進入昏迷狀態，在十二小時的飛行時間裡沒有醒過來一次，直到機上廣播響起、準備下降時，才恢復意識。

因為時差的關係，抵達米蘭的時間是同一天早上七點半。我因為全程昏睡錯過了所有機上餐點，餓到不行，但放眼望去，機場的商店都還沒開，我只好先空著肚子去找火車站。

瑪律彭薩機場距離策馬特將近兩百公里，以歐洲內陸城市的距離來說並不遠。早晨的機場裡大多是散客，沒有旅行團大吵大鬧的行軍操演，十分安靜。落地後的大多數旅客很快就散去，我朝著招牌指示的方向，走過聯通道，前往火車站。

「您好，我想去策馬特，請問要怎麼搭火車去呢？」我向車站櫃檯的女士詢問。

「你得先搭車到多莫多索拉 (Domodossola)，再轉車前往布里格 (Brig)，這一段的票可以一起買，但是到了布里格以後你就要出站另外買票，因為那裡已經是瑞士了。」她仔細且緩慢地解釋著複雜的轉車過程。我遞上十八歐元的車資，取了車票。

「上車前記得要去打卡，不然你會被罰錢喔！」我道聲謝謝，並對如此詳細且有耐心的服務印象深刻。

從機場前往火車站的聯通道

在櫃檯女士的幫助下，我很快抵達了布里格車站。從站內更為現代化的裝潢可以發覺，這裡的的確確不再是義大利了。沿路指示牌上出現的英文說明也變多了，判斷去向已不是問題。

出站後走到售票窗口前，一樣問了如何前往策馬特。這次的交談甚短，簡單來講，我只需要先搭到菲斯普 (Visp)，就可以從那裡直接坐上前往策馬特的列車。

離開前，櫃檯人員從玻璃窗口下塞了一張寫著 Visp 的紙條以及一顆枇杷給我，並祝我一切順利。

## 隨著山鳴遠逝的先行者

一面石碑上刻著象徵登山者意志的墓誌
銘：「I CHOSE TO CLIMB」，就像「山」這
個字一樣簡單明瞭⋯⋯

前往策馬特的列車緩緩駛入河谷，繞著蜿蜒山腰，穿梭樹林之中。河谷裡的溪流從殘雪下緣滲出，又倏忽鑽入下方壺狀冰洞；陽光如閃光燈打著耀眼而無規律的節奏。

我趴在車窗上，等待著隨時可能會來臨的驚喜，勢必要在帷幕拉開的瞬間就看見它。

不久，頂著白頭的山峰映入眼簾，龐大的山影聳立在小鎮上方，遺世獨立的馬特洪峰現身。錐狀山體像是一頂巫師帽，吐著神祕的煙霧。

下了火車，我像個離家出走的叛逆少年，拖著行李跟著人潮移動，朝估計是旅館的方向前進，一直走到教堂前。

登山者墓園就位於教堂後方。雖然墓園離熱鬧的廣場不遠，但早在踏入的那一刻，街道的喧囂就被莊嚴的氣息給消彌殆盡，剩下微風徐徐拂著樹葉，陽光吻著花草。

一面石碑上刻著象徵登山者意志的墓誌銘：「I CHOSE TO CLIMB」，就像「山」這個字一樣簡單明瞭。

登山者墓園

**當我選擇去爬山時，並不需要其他理由去佐證這個行為，單純只是當下做了「去爬山」這個決定，僅此而已。**

在看見馬特洪峰時，第一直覺就是我必須爬上那座山去看看。真正的原因我並不清楚，但那股源自根性的衝動是無法抑制的。如果不去，我的靈魂將遭背叛，但同時我也不斷被理性批判著——難道追逐登山的意義更高於生命本身嗎？

我回想起山野井泰史的故事。

在記錄山野井夫婦攀登格仲康峰 (Gyachung Kang) 的著作 《凍》之中，山野井泰史望著基地營牧牛的女孩寫下了這樣一段話：「這樣真的好嗎？我的人生方向正確嗎？但是很遺憾，看見了那座山，我無法克制征服它的衝動。」

從格仲康峰回來後，他失去了大多數的手指腳趾，妻子妙子的手指更是全數凍傷截肢，但他們卻在傷癒不久後就開始物色下一次的攀登。

山野井泰史以「除了山，其他都不要」的態度面對群山。**他的從**

一而終證明了山不曾從他身上剝奪任何事物，他依然是完整無缺
的存在。

總之，**我不否認做任何事之前都必須先有準備，但有時想太多就
會慢慢失去執行的動力，還沒開始就先自我懷疑。**所以我寧可選
擇相信，因為做了以後才能夠無悔，才能夠泰然。

# 懷伯爾的午夜夢迴

一八六五年，經過七次的失敗，他率領的
團隊終於登上了馬特洪峰，那在當年被認
為是一座不可能攀登的山峰……

我所住的背包客棧位在河谷的東邊山坡上，從房內窗戶往外看，正好可以看到馬特洪峰。我望著它，想著三天後就要出發前往山中的冰河，進行第一次攀登。

這時，一個老先生走進房間。他穿著藍色排汗衫，眼窩深邃，鼻梁高挺，滿是和藹。出於禮貌，我們彼此打了聲招呼，就各自去忙了。

東西整理完後，趁著夜色還未降臨，我想到街上體驗一下瑞士人的午後時光，順便看看哪裡適合覓食。但我忘了這裡是策馬特，全世界消費最昂貴的地方之一，街上並沒有太多選擇，連喝杯咖啡都覺得奢侈，只好回旅館交誼廳泡維力炸醬麵。

或許是聞香而至，剛剛在房間碰到的那位老先生也來到了交誼廳。我們就在這碗奇香無比的泡麵陪伴下，開始聊起天來。

他是朗 (Ron)，來自邁阿密的退休教授。不像大多數背包客棧的旅人，他看起來好像已經定居在這好一陣子，徹底融入瑞士生活的樣子。

「你也是一個人來嗎?」我問朗。

「對。」

「明天有打算去哪裡嗎?」

「我要去五湖健行,你呢?」

「還沒決定,也許我們可以一起去。」

隔天一早,我們一起到青旅樓下吃早餐。在餐桌上他說:「你看,
要省錢的話可以這樣做。」他把一些配料夾進多拿的兩片吐司裡,
做成一個厚厚的三明治,裝入夾鏈袋。

「這樣就可以省一餐!」他開心地說著,彷彿已經做過無數次。

「真是個好辦法,那我也來做一個好了。」畢竟這裡的食物實在
太貴,而且出門健行,只要輕便的食物就足夠。

吃完早餐,把一天會用到的東西裝進小背包裡,我們出了青旅的
大門,從巷口的咖啡廳外轉進街道。

很會說故事的朗

隨著蜿蜒的小徑朝山坡走去，我們進入了針葉林裡，路徑上鋪滿松針。樹梢的枝椏將耀眼的陽光擋在外頭，徐徐微風帶來一絲寒意。連接五座高山湖泊的五湖步道就在森林的後方。我們放慢速度，享受著森林的靜謐。

朗是個很會說故事的長者，他說的故事包羅萬象。他能夠不著痕跡地從尼泊爾的安納普納環線 (Annapurna circuit) 的當地雪巴人協作員，說到加拿大的班夫 (Banff) 小鎮的貪吃熊史可基 (Skoki)，或者分析在野外遭遇灰熊或鹿的應對進退。他沒有滿口的大道理，只是純粹分享有趣的故事，讓人聽得入神。

「你知道愛德華・懷伯爾嗎？」朗問道。

「不曉得，他做了什麼事？」我確定這是另一個故事的開場白。

「他是馬特洪峰的首攀者。一八六五年，經過七次的失敗，他率領的團隊終於登上了馬特洪峰，那在當年被認為是一座不可能攀登的山峰。」朗在說故事時，眼睛好像會發光，若不說還以為那是他的親身經歷。

「七次！」我十分驚訝。

「很驚人吧。但是世人對他的評價到現在依然褒貶不一，原因是那次的首攀並非完美無瑕。」

「怎麼說，他們不是成功了嗎？」

「他們成功了，但是有四個人在下降的途中喪生了。」

「懷伯爾在回憶錄中提到，後來的無數夜裡，他一直被那天的噩夢給驚醒。」

朗接著鉅細靡遺地道出了那段迷霧般的攀登故事。

七月十四日，登頂後的懷伯爾帶領六位攀登者準備下降回到山下，途中隊員用繩索相互連接以保安全。但在通過某困難路段時，站在最前頭的攀登者意外踩滑了腳，在細瘦的山稜線上失去重心、撞向身後的隊友，兩人墜入懸崖。而連接在這兩人後頭的另外兩位隊員，也被順勢拉下懸崖。此時繩索承受不住墜落的力量應聲斷裂，留下懷伯爾與另一對父子攀登家，只有這三人倖存。

懷伯爾的記錄只是他單方面的陳述。在世人的質疑聲中，不乏有懷伯爾背叛同伴，情急之下割斷登山繩的指控。

在我的想像中，登頂榮耀的背後，懷伯爾默默承擔了這場悲劇。他目睹隊友一個個滑落，卻要壓抑自己瀕臨崩潰的情緒，重整破碎的隊伍，繼續往山下前進。**人們會同情從火場中倖存下來的人，卻讓歷經山難歸來的攀登者背負拋棄隊友的罪惡繼續活著。**

朗說：「世人總是期望登山者表現出征服自然的威勇，只要是凡人會有的情緒，在踏上征途的那一刻就應該屏除，這讓懷伯爾備受指責，幾乎一生都在抵抗拋下隊友的罪惡感，痛苦地活著。」

和朗走在蓊鬱的林中，他繼續道出懷伯爾鮮有人知的晚年：「他的足跡遍布北美洲、南美洲、阿爾卑斯、格陵蘭，開創了無數路線，有了不可一世的傲慢。但英雄也會遲暮，他的身體不再能負荷攀登，選擇在夏慕尼 (Chamonix) 定居了下來。染上酒癮後，他不再進行任何登山活動，只剩一張嘴記住山，整天吹噓著過去的豐功偉業，窩在酒館無所事事。最後妻離子散，臥病在床，拒絕任何人探訪，結束一生。」

「他是否感到罪惡，是否抑鬱而終，只有他自己知道。」朗說。

雖然聽完後令人不勝唏噓，但懷伯爾將一生奉獻給山，甚至在晚年還搬到了群山圍繞的夏慕尼，繼續過著與山為伍的生活。

一次次冰雪的磨練、一次次與死亡擦肩而過。在長年的冒險中，他早已不知不覺成為山的一部分。即使家人離去，有山的他也能忍耐這樣的孤獨。世間認定的幸福與成就，並沒有定義他的人生。因為在乎的只有山，所以他永遠都是抬著頭；那些稱他為背叛者的人，他不屑一顧。

「我雖然不從事這些技術性的登山活動，不過看到這些山時，我依然會夢想著有一天能夠爬上這些山去看看。只可惜，當我有時間旅行時，我的身體已經不允許我再進行更激烈的運動。」朗是個經驗豐富的旅行者，已經去過很多地方，但我仍可以聽出他語氣中的遺憾。

「我還沒跟你說吧，我想去爬那座山，從那條像龍背一樣的稜脊爬上馬特洪峰的山頂。」我說。

「那等你爬到了上頭，帶著山頂的風景回來，換我聽你訴說你的故事。」朗的嘴角微微揚起，牽動臉頰上的紋路，像是溪水在流動，上頭泛著粼粼的波光。

從五湖中的施泰利湖 (Stellisee lake) 拍向馬特洪峰的景色

# 初見冰河巨獸

潛藏在路旁的巨獸漸漸現形，一張大口中
有著獠牙狀的冰柱，往裡是幽暗的深處，
難以探底……

與朗健行回來以後，我花了兩天準備冰河訓練需要的東西。冰河訓練是我在正式攀登馬特洪峰之前，必須要做的事。等到熟悉了這裡的地形與攀登方式之後，我才有信心開始去爬。

這次冰河訓練的地點是位在高納冰河 (Gorner glacier) 上方的列斯卡姆連峰 (Lyskamm traverse)。因為方便到達，且遍布難度適中的攀登路線，是我的絕佳選擇。

在登山用品店租了冰爪與冰斧，還買了一條四十公尺的攀登繩，把零星的裝備都補齊，最後去策馬特的救難中心辦理保險。當一切準備就緒，七月十三日的早晨，我離開了青旅前往纜車站。

只花了半小時車程，我從海拔一千六百公尺的策馬特來到三千八百公尺高的「冰川天堂」(glacier paradise) 纜車站。跨過了雪道標示線，冰河上乍然出現一道拋物線狀的足跡。跟著這條路走，就是前往列斯卡姆連峰的攀登路線。

冰爪在厚實的雪層上踩踏著，你能輕易判斷自己是否走在正確的道路上。只要稍微走偏，就會瞬間像是踩到海綿，要花更多力氣踏出下一步。

纜車站旁穿著五顏六色衣服的人們

在纜車站旁遊蕩的人們，離我越來越遠；他們身上五顏六色的外套跟著越變越小，有如噴濺在白衣上的顏料，逐漸難以注意，而後消失。

在烈日的照射下，雪地成了一面沒有死角的反光鏡，如果不戴上墨鏡、用頭巾把臉包裹起來，很快就會被反射強光照得雪盲，臉部也會有灼燒感。

當習慣了墨鏡下的視野後，潛藏在路旁的巨獸漸漸現形，一張大口中有著獠牙狀的冰柱，往裡是幽暗的深處，難以探底。這就是攀登者的夢魘──冰河裂隙。

恐懼是一種貪婪的情緒，在人越是孤獨的環境下，它就越像是海綿一樣，靠著吸吮不安快速膨脹。這時，任何知覺都會被放大，彷彿能聽見數公里外的交談聲，或看見山壁上滾落的碎石。

我謹慎地走著，突然意識到腳好像被什麼東西卡住。低頭一看，發現右腳的冰爪早已脫落，像一隻夾在腳上的螃蟹，在登山鞋上呈現極度尷尬的樣態。我不得不停下來，將它重新調整穿上。

此時，後方的一支隊伍已經跟了上來。有四個人，兩兩一組彼此用繩索相互連接。領頭的老先生在我面前停了下來。

「你一個人嗎？」他用指責的語氣問我。

「對的。」我點頭。

「你知道你在做什麼嗎？」老男人眼神露出慍怒，像是我傷了他女兒的心。

「是，我知道。」我再度點頭表示肯定。

「你知道這裡非常危險嗎？前面有很多會吃人的裂隙。」從口音推測，他是個義大利嚮導。

「我知道，剛剛有看到。但我上來這邊是要訓練……」

「前幾天才有遊客不小心掉進去，你真的是個瘋子！」他張牙舞爪地說著，好像掉下去的人是我。

「我會很小心的。」我試圖安撫他。

「對，你背這些裝備很專業沒錯，但你要是掉下去，沒人會去救你的，我只能祝你好運。」他夾雜幾句聽不懂的義大利文，語氣中充滿諷刺。

「喔對了，你不要跟在我們後面走。」嚮導語畢，他身後的隊員們都漠然地看著我，然後一同轉身離去，像是想要快點甩掉路邊黏人的流浪狗。

但路也就這一條，我不跟著走才真的是瘋了。

等到他們的隊伍遠去以後我才重新出發，一路上離他們遠遠的。

仔細想想，雖然心有不甘，但他說的其實沒錯。我如果掉到裂隙裡，真的不會有人來救我。一想到要在黑暗之中聽著自己的呼吸聲逐漸衰弱到停止，就難受得不得了。相較之下，我想得到的最幸運情況就是摔破頭一命嗚呼。

我還真是個幽默的樂觀主義者。

吃人的冰河裂隙

## 週 末 戰 士

我也找了一個位置躺下來，模仿他們張開
雙手。把今天不如意的事放到廣闊的天空
看，相形之下也就微不足道了⋯⋯

波魯克斯峰 (Pollux) 與卡斯托爾峰 (Castor) 又有雙子山的別
稱，名稱源自希臘神話中的一對兄弟，分別是半人半神、擁
有無盡壽命的哥哥波魯克斯，以及身為人類、難逃一死的弟
弟卡斯托爾。在神話故事中，波魯克斯由於卡斯托爾的死而
痛苦不堪，想將自己的壽命分給卡斯托爾，讓他死而復生，
兩人的父親、天神宙斯 (Zeus) 大為感動，讓他們死後化作天
上的雙子座，永遠守護著彼此。

從纜車站往東方走將近四公里，下午三點終於抵達位在山壁上的
羅西沃蘭特山屋 (bivacco Rossi e Volante)。 這座山屋的顏色和山
壁上的岩石融為一體，沒有抬頭仔細看還以為那邊什麼也沒有，
差點就錯過它。

因為用途是緊急避難，這類山屋通常是沒有辦法預訂的，想住的
話只能到現場碰運氣。

環顧整間山屋，雖然建造在山壁上，但內裝可說是應有盡有——
有一張供炊煮的桌子、椅子，上下舖約十五個床位，還有幾張毯
子可以拿來取暖。

晚到的登山者把備用的床墊、不同顏色的絨毛被褥都拿了出來，像拼圖一樣把空位鋪滿。不時有人會探頭進來看看還有沒有位置，但地板再也容納不下任何床墊。不曉得這些人之後去了哪裡。

山屋中有一股散漫的氣氛。雖然大部分入住者似乎是結伴上來的，卻看不出朋友間的互動，彼此像是陌生人。

山屋被風吹得嗷嗷作響， 能夠清楚聽見沙塵撞擊在牆面上的聲音……

除了坐在床上看地圖之外，沒別的事可做，山上的時間因此過得很慢。為了打發時間，我嘗試跟坐在我旁邊的大叔搭話，但說不到一、兩句就接不下去。很明顯他只想靜靜坐在自己的床上滑手機，其他人也是如此。

我能感受到一陣寒意，像是屋子破了個洞，冷空氣灌入內部，把我喉嚨活活摀住，要我別再多嘴。後來我才發現，這裡大多數人只是因為僱請了同個嚮導，才一起出現在這裡。

剛才攀談碰壁讓我覺得有些掃興，今天已經連續第二次了。能有什麼比這個更糟？我還真是不擅長社交活動啊！

我默默起身，拿著泡麵跟鍋爐走到山屋後方的平臺上，打算一個人吃晚餐。還有這片風景陪我就夠了……

這時，一個穿著橘色防風外套的青年向我招手。「Hey！你要不要過來一起吃晚餐？」

他是伯納特 (Bernat)，和湯姆 (Thom) 結伴而來，沒有搶到床位，準備在外面搭帳篷度過一晚。聊了之後得知，他們是瑞士當地的青年，在伯爾尼 (Bern) 工作，這趟旅程只是假日的休閒活動。

「我們就是所謂的週末戰士 (weekend warriors) 啊！只有週末能出來爬山，爬完了就回去工作，真他媽充實。」兩人互看大笑著。

「那你們明天想要爬哪？」我好奇地問。

「你看對面，在前面的叫波魯克斯峰，躲在後面的叫卡斯托爾峰，明天就爬那兩座山。」伯納特說。

週末戰士伯納特（左）與湯姆

「那你呢，為什麼會想來這裡？」湯姆好奇反問。

「我也不確定，就想來吧！」我隨便找了個藉口搪塞，不敢說我要爬馬特洪峰，那聽起來像是痴人說夢。

我們一邊吃晚餐，一邊閒聊，把剛剛在路上發生的事告訴他們。

「不要放在心上，那群嚮導很常這樣，你沒僱用他們，沒錢賺，他們就會對你很沒禮貌。」伯納特滿臉鄙視，好像他也曾經遇過。

「真是無聊。」湯姆應和著。

「不曉得，我也很懷疑，也許他說的是對的。」我說。

「不知道你看不看得出來，我們已經三十一歲了。在山下就是要扮演正經的上班族，每天努力工作，像機器人那樣沒有任何情緒。唯有在山上時，可以不管平地那套規則，想笑就大聲笑出來。如果連在山上都不能做喜歡的事，傻子才會來爬山。」伯納特講得有些激動。

「你要相信自己，不要去在乎別人怎麼想，做自己就好。」湯姆試圖用最簡單的語句鼓勵我。

《牛津英語詞典》(Oxford English Dictionary) 給自由的定義是「The power or right to act, speak, or think as one wants」，但自由不是為所欲為。沒有法律的時代可能是最不自由的時代，反之亦然。

**人從來不是獨立的個體，只要活著就會有所牽絆。堅持做自己的同時，卻也可能傷害到其他人。**

我自己獨自前來這裡，何嘗不是帶給家人擔憂的行為。如果我的自由會造成別人寢食難安，這樣還能算是自由嗎？

「剛剛山屋裡還真悶，明明天還沒黑，每個人都安靜的跟什麼一樣。」我想知道他們對此的感受，希望不是只有我這麼想。

「哈哈哈，這就是為什麼我們喜歡待在外面的原因，剛剛探頭進去看我就覺得有些不對勁，不說我還以為是在圖書館裡面呢。」伯納特挪揄著屋內的景況。

「那群人只是因為僱了同一個嚮導才變成隊友，也不能奢望他們跟不熟的人聊天吧。」湯姆察覺到這點。他們沒辦法選擇隊友，不想花費心思在這種一面之緣上也是合情合理。

「亂說！不然你覺得我們跟 Jim 很熟嗎？」伯納特反駁道。

「現在算蠻熟的吧？」我做出懷疑的表情，三個人哈哈大笑。

「如果你不想第一次就爬太難的山， 也許羅西亞諾拉峰 (Roccia Nera) 是不錯的選擇。 你可以先試試看，再決定要不要繼續往前走。」伯納特手比著我們身後那座山。

我正有此意。羅西亞諾拉峰西南面是羅莎峰 (Monte Rosa) 山域中最入門的攀登路線，僅有 F+ (easy) 的難度 （攀登難度等級的說明請見附錄）。

「爬完卡斯托爾峰後，我們會在山下休息一會兒再上去波魯克斯峰。如果你爬完時間還早的話，可以加入我們。」伯納特說。

吃完晚餐沒多久，他們就已經雙手攤開，呈大字型將身體舒坦在花崗岩板上，彷彿是要把整片天空都收到懷裡。我也找了一個位置躺下來，模仿他們張開雙手。把今天不如意的事放到廣闊的天空看，相形之下也就微不足道了。

把天空收到懷裡的伯納特（左）與湯姆

這一夜，我出現了高山反應。雖然頭有點痛，卻又還沒到需要立刻撤退的程度。就像被緊箍咒束縛著，腦袋脹脹的，輾轉難眠。我起床吞了一顆丹木斯 (Diamox)，決定不睡了。反正我本來就打算半夜起來拍星星，況且待在床上掙扎實在太痛苦了。抱著一絲期待，我拿著相機走到山屋外。

我毫無防備地被星空吸引住了。像是有無數發光的眼眸，注視著地球上的芸芸眾生。

為了減輕背包的重量，這次沒有帶腳架上來。但那也無妨，攝影本就是興之所至的藝術。當情意與場景產生共鳴時，掌鏡人就只是按下快門，扮演順水推舟的角色而已。

我把地上的石頭堆起來充當腳架，調整好曝光參數與位置後，小心翼翼按下快門，深怕好不容易堆起的石塔因震動而毀壞。

十秒、二十秒、三十秒，耐心靜靜等待。藉由長曝我才能看清眼

前漆黑一片的地方是什麼。一次次地調整焦段、取景，雕磨著逐漸成形的影像。

星空和來自村莊的光芒，為天上的雙子戴上了桂冠，好像隨時會降生在前方的山頭上，充滿史詩感。我相信，這兩座山就是雙子的化身。

瑞士・雙子山

# 我 相 信 你

在危險重重的冰河之上，有人願意讓我加
入他們的隊伍，並用繩子連接彼此，讓我
知道他們是發自內心信任我的……

星空絢爛奪目，看一整夜也絲毫不感到疲倦，甚至忘記了時間。

夜晚即將化為白晝，雖然宇宙中的星星只是不斷燃燒的無機物，但跟它們分別時仍會覺得有點不捨。

這時，大多數的登山者早已在山屋外整裝，湯姆和伯納特的帳篷也收了起來，卻不見兩人蹤影。往遠方的冰河一望，發現兩盞微弱燈光緩緩朝著波魯克斯峰和卡斯托爾峰的方向前進。原來他們走這麼遠了。

清晨五點，我回到山屋整理好背包，按照昨天的計畫，朝著羅西亞諾拉峰的方向前進。

一路上有前人踏出來的步階可以跟隨，但這條路徑是三百公尺攀升、四十五度傾斜的雪坡，地形單純卻也不容小覷。

在超過三十度的雪坡滑倒等同於自由落體，任何疏忽都可能致命。而且在清晨昏暗的環境中，雪地幾乎沒有任何對比度，看起來就像一張白紙。若不是因為靠近懸崖那側有零散的裸露岩石，區分高度與距離會是很難的事。

四十五度傾斜的雪坡

雪坡上漸行漸緩，不知不覺間就走到了山頂。在策馬特的三個主要山區中，靠近我所在的這一側是以羅莎峰為首的南邊，馬特洪峰位在西南邊，在北邊一字排開的則是魏斯峰 (Weisshorn)、沙利峰 (Shalihorn) 與琪納爾洛特峰 (Zinalrothorn)。

這時太陽剛好從山谷的另一側升起，每一座山都被晨曦照成一張紅潤的臉，就像剛睡醒的嬰兒。

回到山屋，正想要煮杯熱奶茶來暖暖身子時，發現放在包包旁的瓦斯罐竟然消失無蹤。我翻遍山屋，連被子都掀開來找，還是一無所獲。除了被偷，沒有其他可能了。

雖然很不想承認，但確實是因為自己的疏忽所造成。我對來爬山的人沒有任何戒備之心，但也默默慶幸今天弄丟的只是瓦斯罐。如果換成是鞋子或冰斧被偷，那可就真的麻煩了。

我已經做好最壞的打算，這次的目標列斯卡姆連峰可能去不成了，但若只是要去波魯克斯峰的話倒還可以。

在晨光渲染下的山峰

我把放在山屋的東西都收到背包裡，在門口的鐵盒內投下十瑞朗的清潔費後離開。

不久我再度回到冰河上，前往與湯姆和伯納特約好的地方。在波魯克斯峰的山腳下，我看見了他們的身影。

「抱歉，讓你們久等了。」看到他們的感覺真好。

「走吧，還以為你不來了呢！」伯納特坐在整理完的裝備旁，地上滿是沒有要帶上山的東西。

「剛剛上去好多人，我們要趕快，免得待會兒塞車。」湯姆說。

跟他們一起出發，我感到十分放心。倒不是因為有人陪伴，而是因為被接納。在危險重重的冰河之上，有人願意讓我加入他們的隊伍，並用繩子連接彼此，讓我知道他們是發自內心信任我的。

波魯克斯峰的難度介於簡單到頗具挑戰性之間，正值攀登旺季的現在，這條路線上已經有不少攀登者。

我走在所屬隊伍的最前頭，湯姆走在我身後，最後是伯納特。我們跟隨前方隊伍的腳步，在大大小小的岩塔與碎石坡之間穿梭。

接近山頂的雪坡之前，碎石坡收斂成兩面岩壁包夾而成的煙囪地形。而最後一段細瘦的雪稜像是白雲鋪成的階梯，把我們直直送往波魯克斯峰頂的雪坡。

在雪坡上，湯姆問我爬完這裡之後打算要去哪裡？

「我想去馬特洪峰。」我有點不好意思地說。

「那是座蠻有難度的山呢。」湯姆說。

「不過我覺得對你而言沒問題的，我相信你。」湯姆接著說。他是第一個認同我目標的人。

「怎麼說？」我滿是疑惑。從來沒有人對我說過這些話。

「很多人滿口大話，到處訴說自己的目標卻不曾實踐；你不一樣，只想著要去完成一件事，在做到之前絕不會信口開河。」

前往波魯克斯峰頂的路上

認同我、相信我的夥伴

「說或不說，都不會影響我去做這件事的意願。現在我能想的，只有那座山。」

我們小時候常被鼓勵要勇敢表達自己的夢想。回想起來，那些像是當總統、太空人之類的夢想，又何曾被當真過。**總是把夢想掛在嘴邊，會使人忘了夢想本身，只記得做夢。**

「欸你們兩個，在偷講什麼悄悄話，快過來拍照。」伯納特催促著我們。

合照完以後，我們便回頭下山，前往纜車站。

在冰河上，三個人透過登山繩連成一直線，彼此都以相同的速度行進著，配合起來快速且極有效率。行進的過程中我注意到，每次只要超過了其他隊伍，伯納特就會露出做了某種惡作劇時的滿足笑容，讓我摸不著頭緒。

雖然毫無時間壓力，但我們的速度卻逐漸加快。超車別的隊伍之外，就連隊友之間也互不相讓，彷彿先喊休息的那個人就輸了。現在我終於知道伯納特在笑什麼了——

他想比賽！

競走了將近一半的路程，湯姆首先喊停。他的冰爪脫落了，得重新裝上才能繼續前進。我暗自鬆了一口氣，終於有人肯停下來了。從伯納特的眼神中，也看出他似乎有同感。

即使是朋友，也要彼此較勁。好勝心無形之中變成一股動力，驅使我們前進。強迫自己不要停下來，而是趁喘氣時休息，用更有效率的方式踏出每一步。

一路上，沒有人有多餘的體力說話，一心只想著往前走。我們越過一個又一個的裂隙，爬過數個高低起伏的雪坡。在恍惚之間，我看到了一個黑色建築物。

「那是纜車站嗎？」我問。

「看起來好像是，那底下有人在走。」伯納特說。

「什麼！真的嗎？」湯姆本已累得說不出話，聽到伯納特這麼一說，馬上點燃鬥志，走得比原本還快……

下午三點，我們坐在纜車站用繩子圍起的滑雪道之外。跨過這條繩子，這趟旅程將抵達終點。

「你們幹嘛走那麼快？」伯納特轉頭看著我們，滿臉無辜。

「還敢說！你走最前面欸。」我無奈地說。

「我們明明可以慢慢走的……」湯姆露出了艱難的微笑。

「快渴死了，好想喝可樂啊！」伯納特說出了每個人的願望。

「下山我要把可樂當水喝！」湯姆一邊喘氣一邊撂下狠話。

終點就在身後，但也許是因為彼此都捨不得分離，我們一點也不想要跨過代表終點線的繩子，非要在雪地上整理裝備，並換上乾淨的衣服，多爭取一點相處的時間……

**不期而遇，是旅行中最美好的事。結識陌生人，共同走過一段全然不同的人生道路，那重疊的短暫時光是格外珍貴的寶石。** 即使最後會分別，踏上各自的旅途，但我們擁有閃閃發光的回憶。

整理完裝備，我們漫步在滿是觀光客的滑雪道上，在嬉鬧聲之中我們只是靜靜走著。

「是時候道別了，Jim。」我們走到盡頭時，伯納特率先打破沉默。

「是啊。」我說。

「別忘了我們的約定，等你的好消息。」湯姆不忘替我打氣。

「就讓我們在山上的某個地方相見吧！」伯納特向前走來，給了我一個大大的擁抱。

一路上無話不談的我們瞬間變成三個羞澀的大男孩，沒有太多感人肺腑的告白。我們交換了聯絡方式，揮手道別。

「再見。」

瑞士・策馬特

# 在小鎮遇見熱愛臺灣的 Peter

我所碰到的那些人，歡迎我的出現，與我
共享他們的旅途，帶我走出自我封閉……

因為時值旅遊旺季，青年旅館的房價跟著水漲船高。來這裡之前，我已經先調查過附近的露營地，火車站旁的策馬特營地 (Camping Zermatt) 是唯一的選擇。在那裡搭一頂帳篷只要十七瑞朗，且浴室和廚房皆有提供。更重要的是，營地裡有 Wi-Fi。比起一晚逐漸漲到將近九十瑞朗的青年旅館，露營地顯然是更好的選擇。

除了價格因素，為什麼我不繼續住青旅的原因，我想「空間」是第二個考量。

青旅剛開始住起來固然舒適，但宿舍式床位意味著，每個人的使用空間會因越來越多房客入住而變小，久了不免有些憋屈。此外，上山前把行李箱的東西拿出來整理，就會占去房裡大半的空間，實在對室友有些不好意思。

看著街上人來人往，想起我初來乍到時，總有無法融入之感。小鎮太過矜貴，似乎沒有一個空間適合我這樣的人出現。如果可以，我不想被人發現我的存在。就讓我自己一個人安安靜靜地躲在暗處。

然而，在結束第一次攀登以後，我不再有這樣的想法。我所碰到的那些人，歡迎我的出現，與我共享他們的旅途，帶我走出自我封閉。

有了明確的目標以後，我更無暇去思考這裡是否有我的一席之地，因為我要去的地方是馬特洪峰的山頂，而不是待在鎮上思考人生。即使不是百分之百確定能成功，我滿腦子已經全是攀登馬特洪峰的路線、規劃、天氣。

我有一種奇特的怪癖，只要有了想完成的目標，其他瑣碎的事就會拋在腦後。這讓我時常鑽牛角尖，容易忘東忘西。相反地，也讓我能把百分之百的力氣花在完成一件事情上。

我打算在鎮上休息至少一天，除了確認天氣是否容許攀登之外，也趁著這段時間把東西買齊。

下午三點，我把暫放在青旅的物品取回，移動到車站旁的營地辦理入住。營地並不是很大，但至少在策馬特這樣的小鎮已算是十

分寬敞。從營地看向西方，正好就是馬特洪峰的位置。在這裡可以二十四小時看著它，這勝過任何事。我找了一塊沒有被樹蔭擋住的平整空地，把帳篷搭好，在一旁的椅子坐下，取出電腦，寫下第一篇攀登筆記：

一個人踏上了冰河。又是一個人。

為何如此魯莽，沒有任何冰河的經驗卻冒然行動。每每思考到登山時，總難逃這個問題。

去年在育空河划船的旅行讓我留下了深刻的印象。大多數人聽到我的行程都覺得不可思議，可能都認為我瘋了……

自己一個人去划八天的獨木舟，又或者是現在的阿爾卑斯，總是有許多聲音告訴我：

「發生危險了怎麼辦？」「真好啊，反正你家有錢。」「你這樣做很不負責任。」「出事了還不是要別人去救你。」「這樣做沒有萬全的考量。」

這些聲音不管來自自己還是別人，理性地去想，這些擔憂並非空穴來風。尤其身在臺灣這樣的地方，登山冒險的壓力更為龐大。

我甚至不敢說我是臺大登山社的一員，就害怕哪天我也成為眾矢之的，在各大平臺變成大家恣意謾罵的對象。

社會本來就是由大量缺乏同理心的人所組成，但每個人依然都可以自稱好人。

大家在茶餘飯後總要有能夠揶揄的事物，無論是什麼都好。生活這麼累，拜託給我一些能一吐為快、抒發壓力的對象。

因為經過縝密的思考，我聰明的腦袋總是對的。因為即使錯了，只要稍微低頭就會得到原諒。

「不要在乎別人怎麼想」與「多為他人著想」兩件事需要一個巧妙的動態平衡。自私與博愛也常常只有一線之隔。

我認為的安全，會不會只是我對危險的意識太過淺薄所導致的錯

覺？只是因為比較幸運而碰巧避開所有的意外？或許我的準備根本就不夠。

我試圖寫下心情，但這一切對我所要爬的山而言，似乎微不足道。難道山會在乎我抱著什麼心情出現嗎？

夕陽隱沒的傍晚，尚未完全冷卻的小鎮，是一日之中最適合散步的時刻。剛好之前穿的達新牌雨褲已經開始漏水，得再買一條來穿，所以我披件薄外套出門，前往一家位在大賣場的登山用品店。正好晚上也想煮一頓好吃的大餐慰勞自己，買完雨褲可以順便採買食材。

進到登山用品店裡，一位熱心的店員前來招呼：「你好，有需要任何幫忙的話，都可以告訴我喔！」

「我需要一條雨褲，有便宜一點的嗎？」這裡是策馬特，任何東西都很貴，這間店比較小又不在主要街道上，可能有機會找到便宜褲子。

「我帶你看看。這裡，這件最便宜！你試穿看看。」店員拿了一件並帶我去試衣間試穿。

試穿完以後，店員問我要去爬哪座山。我回答他：「馬特洪峰，從霍恩利脊上去。」

「哇！經典的霍恩利脊，真是好樣的。」他接著告訴我，這裡的人每天都看著霍恩利脊，是條無人不知的攀登路線。

「那你打算怎麼去，有請嚮導嗎？」他接著問。

「沒有請嚮導，我打算獨攀。」

「獨攀，你確定嗎？」

我點點頭，告訴他我已經打定主意。天氣好的話，這幾天就會去。他起先不相信，發現我是認真的以後，語氣開始嚴肅了起來。

「好吧，如果你打算自己去的話，我也只能祝福你。但你要知道，一個人上去並不安全。」他越說表情越是凝重，長長的臉因為眉

頭緊縮而像是《吶喊》畫裡的變形臉孔。

「對，我知道。」我無法否認。畢竟任誰聽起來，這都不是明智之舉。

「雖然幫不上什麼忙，但如果你願意的話，留下你的聯絡方式吧，要是有緊急狀況就打給我。」他拿出他的手機，我立刻就注意到桌面上的 Line 圖示。

「等等，你用 Line 嗎？」這裡竟然也有人用 Line，我說我也有用。

「你從哪邊來的？」「臺灣！」「天啊！我好喜歡臺灣，我之前去臺灣旅行了一個月，我真的好想再回去那裡！」「真的嗎，你去了哪裡？」「花蓮、臺北、臺中、高雄、臺南，還有太魯閣！」

他一字一句熟悉地說著，我很訝異他竟能念出那些對外國人來說拗口的名詞，彷彿眼前站著的就是一個道道地地的臺灣人！

「喔對了，我是 Jim。」我想到我根本還沒自我介紹。

「我是 Peter，你可以叫我 Peet，很高興認識你！」他露出大大的笑容。

買到了雨褲和食材，還有一件事要做。我繼續往大街上走去，停在登山者服務中心前。

果然，下一週的天氣預報出來了，就貼在玻璃窗上。預報顯示將會有五天的天氣窗口，扣掉一天的休息，我攀登的機會只有一次，錯過就沒了。

確認完天氣以後，我打電話到馬特洪峰山腳下的霍恩利山屋 (Hörnli hut)，預訂後天的房間。

街燈亮起，天空已是懷舊的蒼藍色，我沿著街道徐行。因為大多數人都回到溫暖的室內，讓我能恣意觀察這個小鎮的一切。

咖啡廳的爵士樂團彈奏著輕鬆的樂曲在街道迴響，餐桌上的燭火隨之搖曳。教堂廣場一如往常響起預錄的整點鐘聲，傳遍大街小巷。這些聲音可以傳多遠？在霍恩利脊上能不能聽到？

Part II

# 馬特洪峰攀登記

瑞士・霍恩利山屋

## 我該繼續走下去嗎？

現在並非進退兩難的局面……未來仍有機
會捲土重來……不過，若真的放棄了，可
能再也沒有這麼好的機會。我掙扎著，一
顆心懸而未決……

**行程簡介**

路線｜霍恩利稜線（東北稜）

難度 (IFAS)｜AD (fairly difficult)

信心等級 (commitment grade)｜III

耗時｜六小時上升、十二小時下降

天氣｜晴朗

人員｜一名

日期｜七月十八日


**技術裝備**

四十公尺繩 (8.5 mm)、健行冰斧、冰爪、快扣 × 2、有鎖 × 4、sling (60 cm × 1、120 cm × 1)、daisy loop × 1、硬底鞋、吊帶、確保器 (ATC)、普魯士繩環


**其他**

能量果膠 × 2、600 c.c. 水壺、頭燈、手機、手套、羽絨衣、毛帽、Gore-tex 外套、雨褲、相機 (Sony $\alpha$ 7R III+16–35 mm f 2.8 GM)

七月十七日一大早，我離開營地，回到青旅寄放行李。

經歷了瓦斯罐被偷的事件後，我再也不敢把東西亂放，況且後面的旅程還有半個多月，可承受不起再弄丟東西。將要帶上山的裝備分出來以後，剩下的就鎖在置物櫃中。

離開之前，我偷偷跑到房間去看朗是否還在，想要跟他打聲招呼。但那當然只是妄想。兩天前我第一次登上冰河時，他就已經離開。進到了房間，那裡早已空無一人。

我刻意不和別人一起搭纜車。上了纜車以後，我橫躺在椅子上，短暫的十分鐘路程我打算放空自己。但不知為何，就算什麼都不去想，心情還是特別沉重。我打了一通電話給我媽。

「我在纜車上，要去爬馬特洪峰了。」

「今天嗎？我還以為你是明天去爬哩。」

「先到山屋去，然後明天一大早開始爬。」

「還是不打算找嚮導帶你去嗎？」我們早已討論過很多次，她依然很希望我能請人帶我。

「沒有，請嚮導太貴了。」我用很堅決的語氣說著，而且就算現在找也來不及了。

「要是四萬塊能換你一條命的話，就花下去吧，別省那一點錢。」

「太貴了。」我重複著，像是跳針的唱片。

「算了，講也講不聽。你自己小心，注意安全。」

「我知道，不用擔心。」其實我心裡也明白，就算說了不要擔心也沒用。做媽媽的，哪有說放心就不擔心的。

我們沉默了幾秒鐘，她開口說道：「如果真的不行就回頭吧，沒人會笑你的。」

「嗯……」我心裡再明白不過。

「有空就打電話回來，好嗎？」

「會啦。手機要省點電。」

「一路順利。」

出了黑湖 (Schwarzsee) 纜車站，離霍恩利山屋還有將近三小時的路程。沿著步道，一路遇到不少剛爬完要下山的登山者，清一色是兩人結伴而行，有些人會禮貌性地問我要去哪，聽到我說要自己去爬，大多數人都露出不敢置信的表情。

就在快要抵達山屋之前，我發現好像少了什麼裝備，難怪從剛剛開始就渾身不對勁——

「該死！我的頭盔沒帶到！」

明明一路上有這麼多時間可以確認，我卻未曾看背包一眼。那個本應掛在背包上左右搖晃的頭盔，顯然被我留在山下了。愚蠢與自負讓我犯了一個要命的錯誤，足以令我立刻打道回府。

黑湖

惡夢還沒結束。就當我開始確認還有什麼東西沒帶到時，手機的充電器不小心被我壓斷。

「我該繼續走下去嗎……」

到了山屋，我抱著最後一點希望，硬著頭皮問櫃檯有沒有出租頭盔，得到的答覆不出所料——

「對不起，我們沒有那種東西。」果斷拒絕了我莫名其妙的請求。

我尷尬道了句謝謝，趕緊轉頭離開，試圖掩飾自己不知所措的窘態。這讓我想起小時候在學校做錯事，被老師當眾斥責的那種羞恥感，簡直想把自己撕成碎片。我離開大廳走上樓，那木階梯給人不踏實的感覺，心情怎麼也輕盈不起來。

我到交誼廳的書櫃旁翻著馬特洪峰登頂一百五十週年的紀念書，那血紅色的山脊依然經典，不禁想起四年前第一次看到這張照片時的激動。

在我懊惱不已的同時，陸續有人下山離去，天色也漸暗。山屋起

初的人聲鼎沸轉為低聲細語。跟著這張照片來到這裡的我，在最接近夢想的地方被自己的散漫一棒打醒。更諷刺的是，幾天前我還在大談冒險的意義，如今卻連最重要的頭盔都忘了帶。

回歸現實，既然錯誤已經造成，下一步該怎麼做才是更應該思考的事。畢竟現在並非進退兩難的局面，此刻選擇回頭，未來仍有機會捲土重來。這次的經驗讓我意識到，自己的能力還不足以應付這座山，那是否該冒這個險？

即使最後說服自己出發，承擔被落石擊中的風險，但一想到我還有家人，並非真正的孤身一人，若意外真的發生，也是他們要飛過來善後。

人離開了，所有努力都付之一炬，並被媒體掛上斗大的標題「大學生玩命獨攀，葬身馬特洪峰」。人生就歸結在這短短一句話。

在這種緊要關頭，我被自己的愚蠢擾亂了思緒。我很清楚心存僥倖是危險的，但無法接受自己空手而回。確實，頭盔幾乎是無用的，但只要在攀爬的過程中，被一顆棒球大小的石頭砸中，後果將不堪設想。不過，若真的放棄了，可能再也沒有這麼好的機會。

我掙扎著，一顆心懸而未決。

我帶著相機和腳架走到山屋後，想藉由攝影轉移我的不安。這是我目前唯一能做的事。

山屋外的氣氛有些詭異。除了稜線上颼颼的強風之外，不時還能聽到雪崩聲迴響於山谷。由於馬特洪峰旁邊幾乎沒有任何旗鼓相當的高山，以致在這裡發生的雪崩聲，能透過山谷的回音展現更為浩然的氣勢。

我起初有些害怕，擔心雪崩就這樣鋪天蓋地而來。直到轟隆聲從咆哮轉為屈弱的低嚎，又變為寥然無聲時，我竟有種錯覺：「它是在怒吼嗎？或其實那只是它被誤解的哭聲？」

遠處因雪崩揚起的陣陣白塵，是山正在受苦的畫面；山谷裡迴響的聲音，是山正在遭受凌遲的哀嚎，它的體膚在山坳平坦處堆積成一片凌亂。山看似一動也不動地矗立著，近看才發現它原來是在顫抖，正在求救。

我重新審問自己到底在害怕什麼,是山,還是人類。

到了這裡我隨時能轉頭離去,但山卻絲毫沒有轉圜的餘地,屹立在這裡千萬年,面對不斷上升的氣溫,必須一層層剝除身上的血肉來爭取一線生機。

我感到害怕,害怕的對象是自己。

在彷彿沒有答案的深思之後,落日從山間雲霧中穿透出一道光,直直打在馬特洪峰上。夕陽的餘暉照亮山尖,雲霧消散,馬特洪峰的面容展露無遺。它好像感應到我的心情,溫柔說著:「烏雲總會散去。」

雪崩的聲音漸漸不再出現,冰河變得平靜,只剩下偶爾飛過的烏鴉,所有的不安一掃而空。所謂美景能夠治癒人心,大概就是這種感覺吧。我相信,它在乎著我。

美國的傳奇登山家吉姆‧布里威爾 (Jim Bridwell) 曾說:「你必須要保持信念,而不是抱有希望。」(You have to have faith, not hope.)

烏雲總會散去

**因為希望是虛幻的。在自然面前，希望往往不堪一擊。所謂的人定勝天，在這裡並不適用。天，或說神、全知，才是能夠主宰生死的角色。**

**那就相信吧。即使很多事並非我能掌控，但這就是冒險的本質。**

我回到房間，看向窗外，天空只剩下殘暉的微光與一抹奶油似的捲雲。山屋的靜謐讓人無比安心。

七點了，隔壁床的大叔早已睡到不省人事。也對，如果明天深夜三點就要起床的話，現在也該睡了。我這麼想著，在溫暖的被窩中沉沉睡去。

## 「祝你好運，晚點見。」

有時候回頭並不代表怯弱。如果你在路上
改變心意了，隨時歡迎你回來……

我早已習慣和自己獨處。從十二歲開始，我就在外面讀書生活，一個人搭車、一個人吃飯、一個人住。

一個人很寂寞嗎？說實話，偶爾會。但就像長時間身處在暗室之中，視覺會習慣低光的環境，即使是再弱小的微光，都能夠立刻發覺。**若獨處能讓我懂得細察生活且更珍惜生命中的際遇，那也未必不好。**

⌒⌒

七月十八日凌晨三點，隔壁床的大叔搖醒了我。

「你要爬馬特洪峰吧？是時候吃早餐了。」他說完就轉身離去。

我下樓進到餐廳，攀登者都已經坐在餐桌上等待用餐。寒夜包圍整個山屋，用起霧的玻璃嚴正聲明它才是此時的主宰。

餐廳的交談聲降到了最低，不只是避免吵醒還在夢鄉的人，更像是害怕驚動某種沉睡在黑暗中的野獸，連腳步都輕飄飄的。

以最快的速度吃完早餐以後，由策馬特嚮導帶領的隊伍打頭陣出發。這是基於安全考量，為了避免攀登者走錯路，所有自組的攀登隊伍都必須排在嚮導後面出發。

我理所當然排在最後頭，看著一個個人影消散在黑暗之中。頭燈化為一朵朵在深夜裡綻放的白百合，搖曳在枯瘦的山脊之上。沒多久，山屋裡只剩下我和為我們準備早餐的女主人。

「輪到你了年輕人，要爬馬特洪峰的話時間不早了。」剛整理完餐桌的她說。

「該出發了。」時鐘標示四點整。是啊，還真是不早了呢。

「如果不確定是否要出發，你知道你是隨時能夠回頭的對吧？」女主人一眼就看穿了我的不安。

「我知道……」這次我終於承認了，我的不安是真實存在的。

「有時候回頭並不代表怯弱。如果你在路上改變心意了，隨時歡迎你回來。」

我說不出任何話，只能姑且點頭作為回應。

「祝你好運，晚點見。」女主人臉上的表情比我還要有自信，彷彿她比任何人都相信我能夠辦到。

## 在黑夜中跳一支與山的獨舞

我忘卻一切肉體的疲倦感，在異常規律的
節奏下行進著。頭燈光線打在腳尖，黑夜
裡，我就像是在跳一支與山的獨舞……

馬特洪峰
4,478 m

索爾維山屋
4,003 m

04:00
霍恩利山屋
3,260 m

凌晨四點，外面仍舊漆黑一片。出了青旅的門，就只能靠自己了。

屋外的溫度計上標示著：攝氏負三度。我只穿一件長袖排汗衫和 gore-tex 外套，從山上不斷吹來的風徹底冷醒了我。我把凍僵的臉埋進衣服裡，只露出眼睛。

我試圖說服自己，等一下開始活動後身體就會暖起來，忍一下就過去了。點亮頭燈，我開始沿著山屋後方的路線走去。抬頭看看馬特洪峰，只剩下金字塔狀的輪廓，黑色的身影彷彿更加巨大。

接著走過一段平緩的雪坡，地面上的雪因夜晚的低溫凝結而更加堅硬，踩在上面會發出清脆的聲音，在寂靜的夜裡特別響亮。前方不遠處就是第一個關卡，高度約六至七公尺的陡直岩面，隊伍在此慢了下來。

在黑暗中，未知的危險像一隻潛伏的野獸，伺機而出。山徑上散亂的人影，此刻看起來有如幢幢夜行的鬼魅。但就像英國登山家彼得‧博德曼 (Peter Boardman) 所說：**「一旦你開始冒險，它的神祕感和你的擔憂就會隨之消失。」**這條路踏上了，我就無暇再去想東想西。

在嚮導的帶領下，後面的攀登者們有條不紊地登上安全平臺，看起來不太困難。輪到我時，不像其他有夥伴的登山者，我將自己用繩圈 (daisy loop) 和有鎖鉤環 (locking carabiner) 連接到固定繩上。如果不小心墜落，這將是確保自己安全無虞的方式。

我小心翼翼地爬上岩壁。這裡的岩石主要由片麻岩組成，摩擦力特別大，一旦抓住就好像永遠不會滑掉，很快就通過了這道難關。

我跟著前方的頭燈光線繼續前進。除了眼前所見，其餘一切都不重要。只需專心攀爬即可。

我發揮著人類殘存的一點野性，彷彿可以透過聆聽水流找到水源，透過嗅聞大地找到森林，透過感受微風的急徐找到獸群。

這些子遺的感知力並未全然退化，而是必須在完全沒有外界干擾的狀態下才能產生作用。我忘卻一切肉體的疲倦感，在異常規律的節奏下行進著。頭燈光線打在腳尖，黑夜裡，我就像是在跳一支與山的獨舞。

走了將近一小時，在我前面的隊伍突然停了下來，站在一塊岩架

(ledge) 上等待著。

「你先往前吧。」身穿橘色制服的嚮導說著。

「怎麼了，有需要幫忙嗎？」

「她狀況不太好，可能是高山症。再觀察一下，如果不行我們就會往下撤退。」嚮導說的那位女子臉色蒼白，手伏在岩壁上看起來渾身無力。

「這給你，丹木斯。」我取出醫藥包，拿了兩顆給他們。

「謝謝，你繼續爬吧，希望沒有耽誤到你。」

「完全不會，祝你們好運！」

「你也是。」

自從幾天前在列斯卡姆連峰那邊吃過一顆丹木斯以後，我就再也沒有出現高山反應。也許因為曾經是運動員，我很快就能適應高

度，攀爬時呼吸也不會急促，偶爾放慢速度就能回復體力。

不知過了多久，周遭的景物逐漸清晰。看看錶，已經五點半了。但天空並沒有變得明亮，而是在厚重雲層的覆蓋之下，曙光顯得略帶血色。

這和預報所說的不同，現在的天氣看起來有點不妙。我祈禱著千萬不要下雨，並且加緊腳步繼續前進。

幸好，天氣逐漸明朗起來。這時一往下看才赫然發現，原來我已經到了這麼高的位置，昨晚住的山屋縮成小小一點。

我的腳下是一千公尺深的特奧杜爾冰河 (Theodul glaoier)，稍有閃失就會直墜山谷，絲毫不能鬆懈。

感覺走了很遠，不過抬頭看看馬特洪峰，還是那樣遙不可及。但越是困難的事，對我來說越有吸引力。這條道路，就像是無數前人走出的朝聖之路，我就像虔誠的使徒。

前往目標的道路必定危險重重，但唯有能夠面對挑戰的人，才能夠獲得聖山的洗禮。

厚重雲層中略帶血色的曙光

腳下的特奧杜爾冰河

# 巨人之肩

風捲起雪坡上的冰晶，在稜線上掀起一陣
雲霧似的風暴。銀白色的雪塵將上頭的攀
登者隱沒，浩然的氣勢銳不可擋。這就是
眾山之王⋯⋯

07:58
4,200 m

馬特洪峰
4,478 m

06:50
索爾維山屋
4,003 m

04:00
霍恩利山屋
3,260 m

我爬上了著名的莫斯利斜板 (Moseley slab)。莫斯利斜板並沒有太高的技術門檻，整條路上只要跟隨著路跡，都有明顯的手腳點能夠使用，跟爬樓梯沒什麼兩樣。但也因為看起來哪邊都能走，攀登者找路的能力就很重要；要是走錯了路，很可能會讓自己陷入困境。先向左橫渡，再直上，再向左，再直上，不斷重複，最終會通過海拔四〇〇三公尺的索爾維山屋 (Solvay hut)，象徵第一部分的完成。

在這裡，我與前後的隊伍已經拉開距離。前方隊伍腳下的路跡已經難以辨認。再往前則是一片外傾的岩壁，雙腳能夠踩踏的位置只剩下前腳掌這麼寬。

我試圖往下繞過，但這麼做似乎更為困難。因為再往下的岩面已經超過九十度，而我是絕對不會想走到那裡去的。

這時，我發現左方的橫渡段有一條麻繩橫亙在牆面上。「應該就是那裡吧，也只剩這條路有可能了。」

我看著需要朝向左邊橫渡才能通過的岩面，發現有些地方甚至根本沒辦法放腳。我把鉤環再次扣入繩索。為了增加安全性，我把

第二個鉤環也扣上，採用雙鉤環確保的方式，深怕有任何閃失。

我找到岩石的凹處，將硬底鞋深深嵌入，雙腳跨開，極力保持平衡以後，先伸出左手，找到一塊凸起的岩石並緊緊抓牢，在牆面上維持至少三個接觸點，重心在左，把右腳往左移，緊緊貼在牆面上，像是螃蟹走路，身後空蕩蕩的，只有空氣。

身在垂直落差超過一千公尺的位置，在龐大的壓力之下，做任何事都像嬰兒學步，想快也快不得。

雲這時已經全到了腳下。我通過了暴露感極大的橫渡，繞過阻擋視線的岩塔，將近三個小時後終於抵達索爾維山屋，象徵簡單的攀登已然結束。這個山屋是讓人緊急避難用的，裡頭有求救電話。但願我不會用到它。

時間來到早上七點，比我預期的快上不少，但接下來才是真正挑戰的開始。

從索爾維山屋望出去的景色

我讚嘆著前方陡直岩壁的雄偉，這片岩壁因外型的關係也被廣泛稱為山肩 (shoulder)，剛剛碰到的都只是小兒科。

風捲起雪坡上的冰晶，在稜線上掀起一陣雲霧似的風暴。銀白色的雪塵將上頭的攀登者隱沒，浩然的氣勢銳不可擋。這就是眾山之王。

越往上爬，風只會越強，我告訴自己得做好心理準備。但一想到我怕冷的體質，還是不禁打了個冷顫。

山屋邊緣有幾條很細的尼龍繩，貌似登山客綁起來充作護欄。我沿著邊緣繞到山屋後方，開始攀爬巨人之肩。

登上暴露感極大的岩稜，像是走在一片銳利的刀刃上，毫無安全感。我跨坐在上面，將屁股緩緩往前移動著。只要能夠安全無虞地通過，用再狼狽的方式都無所謂。

在沒有繩子、沒有任何人幫我的情況下，掉下去就真的完了。「太可怕了吧！」雖然嘴上這麼說，但本能的反應卻恰好相反。那直奔心臟的刺激感促使腎上腺素開始分泌，興奮感壓過了恐懼，站

在高處的感覺著實令人上癮。我好像稍微能夠體會為何懷伯爾如此著迷於馬特洪峰了。

而從這裡往回看才發現，原來東北稜的外觀像一條龍脊橫亙在冰河之上，銳利地像是要把天空切開。

因為今年夏天特別熱，雪線變高，上升到四千兩百公尺的地方才出現積雪。這並不是一件好事。當積雪融化，石頭與石頭之間就會失去膠結物。鬆動的石頭會彼此牽動，當支撐不住時，陡峭的地方就會產生落石。這些落石大多數時候並不會只有一顆，且大小可能跟冰箱一樣大。

穿上了冰爪，我繼續攀爬著。冰爪的金屬利齒刮過岩石發出尖銳的摩擦聲，踩踏冰面時則發出清脆的聲響，像是兩組樂器試圖演奏一首交響曲，卻一點也不和諧。

我通過了銳利如刃的稜脊，站在馬特洪峰的肩膀上，海拔約四二四八公尺，離山頂還有兩百三十公尺。這裡是登頂前的最後一個平臺，前方近乎垂直的上層雪坡 (upper slope) 高聳入雲。

在山底下蒸騰的雲團

山壁上顯得十分渺小的攀登者

上層雪坡是登頂前的最後一段路，也是最陡峭的一段路。仔細一看，遠遠的上方有顏色鮮豔的微小人影正在緩緩移動著。

這段陡直的山壁看起來無懈可擊，難以想像一百五十年前首次攀登成功的懷伯爾是如何克服的。在那個時代，並沒有現代精良的裝備，難度絕對不可同日而語，況且現在這條路線上已經遍布固定繩，安全性大幅提升。

早上八點，距離出發已經過了四小時。按照原定計畫，十點要抵達山頂，所以我必須加緊腳步。

正在下降的隊伍陸續從我身邊經過，我聽到一件令人開心的事——「通過這段峭壁後就是山頂了！」我心裡滿是希望。

當所有隊伍一一離開，我一樣俐落地將鉤環扣上固定繩，雙手搭住岩石，腳踩高，將身體抬起，小心翼翼地繼續移動身體。這裡不容許任何失誤，即使固定繩看起來很穩，但還是不能把生命完全託付給它，只能持續全神貫注地攀爬。

突然間，上面傳來人聲，聽起來似乎是對著我說話。抬頭一看，

是一個留著落腮鬍的中年男子。不過，在這個情況下我也顧不得其他人，就沒理他繼續攀登。直到靠近他所站立的平臺邊緣，此刻我更加確定，這個人就是在針對我。

中年男子說了一連串我聽不懂的話，並且揮著手，做著叫我閃開的動作，態度十分惡劣，臉上的神情似曾相識——他也是嚮導。

「你說什麼？」我滿臉狐疑，根本不知道又做錯什麼事。

「你，走開。」他看我一臉不知所措，用破爛的英文和義大利文拼湊成一句話，叫我走開。

「我現在沒辦法回頭。等一下，我馬上就上去了。」

「你，不要擋路，走開。」他刻意加重尾音，甚至帶著戲謔。

除了他的客戶之外，後面還有兩組人馬，完全沒有人站出來制止他，全都冷眼旁觀。世界就是這樣殘酷，醜陋的劣根性到了山上也不會有所改變，在惡劣的環境下只會更加展露無遺。我不想繼續當個啞巴——

「閉嘴！你才給我滾開！」我怒不可遏地回敬嚮導。

「呿……」他沒有再多說什麼，畢竟在這種地方打起架來可不是件光榮的事。

「讓我過！」我不再退讓，硬是爬上平臺，從他們眼前通過。

事實是，他們所站的位置更為安全，而且時間也還早，已經登頂的他們，根本沒什麼好著急的，但他們卻非要下來跟正在攀爬的我擠成一團，分明是在欺負人。這種時候如果我不替自己發聲，那就不只是他的問題了，而是我的縱容促使他踰矩，是我不懂得捍衛自己的權利。

# 最後的雪稜

雪稜的兩側是陡峭的懸崖,積雪被風由北
向南吹成細瘦的雪簷。雪的底下毫無支撐,
懸空的部分彷彿隨時會斷裂⋯⋯

09:08
4,320 m

07:58
4,200 m

06:50
索爾維山屋
4,003 m

04:00
霍恩利山屋
3,260 m

09:58
馬特洪峰
4,478 m

穿過了正在下降的人群，我來到一連串水管粗的固定繩之前。根據記錄，這裡就是通往山頂的最後一道難關。

雖然有固定繩確實讓人安心不少，但攀爬起來還是挺累人的，因為這時已經有人開始下山，從上方踢落的冰雪和落石成為下面的人的惡夢。雪像是子彈一樣，一顆顆「咻、咻、咻」噴飛下來，從身旁劃過，撞擊在岩石上，發出清脆的聲響。

我將外套的帽子戴上，趁著落雪停下來的空檔快速通過。「要是有戴頭盔就好了！」我暗自苦惱著。

躲避完陣陣落雪，我來到一座懸岩之前，底下有一塊生鏽的鐵牌，上面寫著某個登山者的名字，應是在這裡遇難的人留下的。

岩石上掛著一條鐵梯，牆面上的著力點並不多，心裡一點也不踏實。僅僅五公尺的翻越，因為神經緊繃的關係，看起來像數十公尺。鐵梯因為抓起來不牢靠所以沒有使用，而是踩著岩壁上那些看起來有些凸起的結構，雙手拉著固定繩借力翻上去。

我果然還是禁不起繩索的誘惑，沒辦法單靠自己的力量爬完。就

算再有自信，如果身體素質不夠，攀登能力差，還是無法克服地形上的障礙。山不是靠著逞強就能爬上去。

早上九點，我通過了最困難的懸岩，迎來的是潔白的長雪坡，坡度甚陡。好在這雖然不是一條康莊大道，但雪的硬度適中，冰爪能夠輕易踏實雪面，形成一階階的踩踏點。因為知道山頂就在不遠處了，我把腳步放慢，一點也不著急。

通過了雪坡後，代表山頂即將來臨的聖母像豎立在面前。聖母像後方是一條狹窄雪稜，長度約八十公尺，寬度只夠讓一人通過。雪稜的兩側是陡峭的懸崖，積雪被風由北向南吹成細瘦的雪簷。雪的底下毫無支撐，懸空的部分彷彿隨時會斷裂。

這個場景我早在腦海中排練過無數次。我沉澱所有思緒，穩住腳步，將冰斧牢牢插入雪中，一步步往終點前進。左側是義大利，右側是瑞士，我走在天然的國界之上。當代表終點的十字架從遠處露出頭來，馬特洪峰先前的暴虐形象一掃而空。我緩緩走出最後的雪稜，像是上臺領獎般走向迎接我的十字架。

代表終點的十字架

山頂沒有半個人，這讓我格外輕鬆，不必再去思考遇到沒禮貌的人該怎麼辦。我背對著十字架坐下，大大吸進了幾口氣，才將繃緊的神經稍稍放鬆，並把正在錄影的相機卸下來，拍向自己的臉。

現在大概是臺灣下午四點，已經隔了將近一天沒有和家人聯絡，我想打電話回家報平安。另一方面則是出於私心，我想把成功登頂的消息分享給他們，我知道他們會很高興。於是我把視訊撥通，等待另一頭接起。

「喂？」我媽回應。

「我到山頂了！」我無法掩飾此時的興奮。「妳看，這就是我跟妳說的那個十字架！」

「我真是太為你開心了。妳們看！」正巧她在一場朋友的聚會中，她將手機轉向身旁的婆婆媽媽們，臉上滿是炫耀的笑容。

「就跟妳說不用擔心吧！好啦，我的手機快沒電了，下山再跟妳說。」快點掛掉除了要省電之外，也是為了打給另一個人——我的女友。

我和女友是國中同學，雖然那時曾暗戀對方，但彼此卻不知情，直到高三考完學測我們才在一起。她是我的第一個女友。

這個計畫我跟她提了無數次，每次都講得興奮不已，雖然大多數的描述對她而言皆十分生澀難懂，但她總是能夠微笑以對，默默支持著我。

我曾問她：「為什麼不阻止我做這些事？」她回答：「阻止了有什麼用，你還是會不顧一切地去做。與其潑你冷水，在一旁看著你、支持你，那才是你需要的。」

交往了三年，我們一直維持著遠距離的戀愛模式。從一開始她總會因為太少見面而對我發脾氣，到現在已經變得如此成熟，我感到欣慰，卻又對她有些愧疚，因為我並沒有好好陪伴她。

我再次撥了視訊電話。

「你到了嗎？」她幾乎立刻就接起來，像是等了一整天。

「對啊，我已經到山頂了。」

「就知道你可以的，你做到了！」她難掩興奮，簡直快要大叫。

「我會平安下山，到時候再打給妳。」我發現電已經瞬間掉到百分之三，再講下去就要沒電了。

「好，下山注意安全。你一定要打給我，不然揍你喔！」

「會啦，放心！」我發現這句話已經變成我的口頭禪。

馬特洪峰有地球上最遺世獨立的山頂，從這裡望出去，我和層層疊起的山峰如此靠近卻又遙遠，地平線無限延伸，彷彿能看見整個宇宙。明知要儘早啟程下山，但就是想多看幾眼，大力吸進幾口山頂的空氣，封存進體內，並永遠記住這個數字——4,478。

## 落石群

生命實在太過脆弱，就像是放在桌角的玻璃瓶，總會有那麼一個冒失鬼從桌邊匆匆跑過，把瓶子撞倒，摔個粉碎……

日上三竿，雲霧開始翻騰捲起，馬上就會覆蓋山頂，不宜久留。

時常有人問我，為什麼花這麼多時間朝山頂前進，卻在登頂時只享受了一瞬間的苦盡甘來就得離去？我對此也感到疑惑，難道不能再多待一會兒嗎？難道眷戀成功是一種罪惡嗎？

但這一刻我找到了答案：日升日落，也彷彿一段攀登的過程，沒有恆久不變的上升，亦沒有永無止盡的下降，一天並不會永遠停留在午時。**攀登者不需眷戀山頂，登頂只占爬山的一小部分。真正讓人深刻的記憶，都悄悄安插在攀登的路上。只有過程才是登山的全貌。**

我把能量果膠一飲而盡，迅速補充了能量，繼續踏上歸途。

安全起見，我幾乎全程以垂降方式下山。另外為了讓裝備盡可能輕便，我帶的繩子只有四十公尺，比一般隊伍使用的六十公尺繩短了不少，再加上不熟悉路線，我的下降速度十分緩慢。

回到四千兩百公尺的地方，有兩個從義大利側獅子稜線 (Liongrat) 過來的人，從後面跟了上來。因為我的速度實在是太慢，本想讓

他們先通過，但他們其中一人說話了。

「欸，把你的繩子收起來吧，用我們的一起垂降就好。」說話的是艾特 (Aitor)，他熟練地將繩穿過螺栓，往低處拋去。

「可以嗎？」這時我也不得不認命，要是按照這個速度爬下去，天黑我也回不了山屋。

「一起來吧！」站在後面，一副天真模樣的是伊那基 (Iñaki)。

排在第一個的是艾特，我是第二個，負責收繩與拋繩，伊那基排在最後。

「你們從哪邊來的？」他們讓我想到了湯姆和伯納特。

「我們是從巴斯克 (Basque) 來的，西班牙北部的一個國家。」艾特說。

「但我們不是西班牙，他們老是說巴斯克是他們的，真是狗屁。」伊那基憤慨地說著。

「我們說不同的語言，穿不同的衣服，吃不同食物，長得一點都不像，卻硬要說我們都是西班牙人……」艾特說了很多，聽在我這個臺灣人耳裡，每一句都似曾相似。

垂降的速度很快，加上沿路心有戚戚焉的閒聊，不到一小時就完成兩百公尺的垂降。眼看就要抵達索爾維山屋了，距離不到二十公尺的岩溝卻傳來非常不妙的聲響。

一開始只聽到碎石子在地上窸窣彈跳，但不到幾秒的時間，數塊冰箱大的巨石轟隆隆地緊隨在後，速度之快像是幾輛馬車疾駛而下，在岩壁上揚起一陣飛沙走石，泥土的氣味瀰漫在空氣中，時間彷彿靜止了幾分鐘。當我們回過神時，已經各自跑到一塊離自己最近的石頭後面掩護。

落石群漸漸遠去，滾動聲在一千公尺的冰河上淡出，「崩啪……」地底下傳來回音，那聲音像是用力轉開瓶蓋，冰河又回歸平靜。探出頭的我們面面相覷，不知是否該繼續前進。

人的一生能有幾次僥倖？這次躲過了，下次會一樣幸運嗎？

我暗自思忖著，就算戴上頭盔，被那麼大的落石擊中，腦袋還不是會被轟出一個洞。在這片危崖之上，生命實在太過脆弱，就像是放在桌角的玻璃瓶，總會有那麼一個冒失鬼從桌邊匆匆跑過，把瓶子撞倒，摔個粉碎。不到兩週，一支攀登隊在同個位置遭遇落石，有兩人摔落六百多公尺，不幸殞命。

「真是好險！」艾特說。我們所在的地方靠近岩溝的邊緣，受到的波及遠沒有岩溝中央來得大。

「要是再晚一些，我們就會跟著那些石頭一起下去了。」伊那基的聲音仍有些顫抖，因為落石狠狠將我們剛才要走的路切成三段，無論前後都難逃死劫。

我們更加小心地沿著岩溝邊緣走下去，抵達了索爾維山屋。由於艾特他們是從義大利那一側出發，通過獅子稜線登頂後從霍恩利稜線下降回到瑞士，長路漫漫，一整天的攀登已使他們疲憊不堪，於是打算在這裡停歇，隔天再回到山下。

「你留下來吧，明天和我們一起下去就好。」伊那基說。

「對啊，跟我們在一起能夠彼此照應，而且我們有多帶食物，多一個人不成問題。」艾特也希望我留下來。

「謝謝你們的心意，但我今天就得回去，我一個人沒問題的。」因為時間還早，我想要趕在天黑之前回到霍恩利山屋。

「你剛剛也看到了，我們不希望那發生在你身上。」伊那基很擔心的樣子。

「不然我們留下聯絡方式，等我下山了就跟你們說，好嗎？」說完，他們倆才點點頭。我們交換了 E-mail，艾特也留下了他的電話，叮嚀我到了一定要打給他。

和他們道別以後，我重新踏上歸途。走到山屋底下時，我聽到上面的艾特叫道：「Jim，一切都還好嗎？」這才發覺他們已經站在圍欄邊注視我許久。我看著他們，大聲喊道：「我很好！」一邊大力地揮手。

第二次道別，不捨又更濃了一些。

## 賞與罰

山屋就在眼前，彷彿觸手可及，卻怎麼也
勾不著。屋裡那盞燈光溫柔地像是美杜莎
的雙眼，讓我覺得只要再望向它一次就會
受到蠱惑……

一般來說，用繩索垂降會比徒手下攀安全，但如果繩長不足，還是得花時間尋找下個固定點，才能接續垂降下去。有些地方坡度趨緩，垂降反而會造成繩子卡在石縫之中，還要爬回去將繩子解開，等於徒勞無功。

找路，聽起來不難，卻是阿爾卑斯攀登的關鍵能力。習慣在臺灣爬山的人，對於地圖判讀與定位有一定程度，能利用指北針從等高線圖找到正確的路線。但在阿爾卑斯卻不能只依靠地圖，因為冰雪會使山上的地形飄忽不定，假如一夜之間下了場大雪，將會大大改變攀登的難度。

比起臺灣，季節、氣候對阿爾卑斯攀登有更大的影響，也因此我在下降的過程中不斷走錯路，或垂降到危險的地方。

總而言之，對路線的不熟悉是我這次最大的敗筆。如果沒有艾特他們拔刀相助，我也許天黑都回不了山屋。

時間過得很快，太陽漸漸消失。我隱約記得瑞士天黑的時間大概

是晚上九點。「山屋會不會關門了？」這個問題不斷在我腦海中浮現。要是進不去山屋，我就得連夜趕回村莊。今天要睡哪裡，完全沒有把握。

在不斷收拋繩的過程中，疲倦感不停襲來。兩條能量果膠都已經擠到不能再擠，沿路搜集、裝在水壺裡的雪也都凍結成冰塊。勉強咬下一塊冰，試圖用口腔的溫度將其融化，換來的卻是頭痛欲裂。冰塊一點一滴搶走身體熱量的感覺讓人不適，但我只能繼續這樣做，因為缺水確實會影響判斷力。

在登山時，向上爬永遠會有明確的目標。向下則不然，多數時間只是朝著大略的方向走著，並不斷修正。而夜晚來臨，加劇了我在判斷方位上的缺失。

垂降途中，我一度掉到北壁上。馬特洪峰的北壁因為照不到陽光而長年積雪，大多數岩石和冰雪融在一塊，而且比霍恩利稜線還要陡峭數倍。想要攀登它，需要高超的技巧與豐富的經驗。

現在該怎麼辦。因為實在是太過陡峭，我既不能往上爬回去，也因為繩長不足，無法繼續垂降到下方安全的岩架上。

眼下唯一的方法就是朝著霍恩利稜線橫渡過去回到正途，而我估計這段約有十五公尺的距離，岩縫中全部都是結實的雪塊，即使是近幾天的新雪，也都在岩面凝結成堅硬的雪殼。

現在繩子用不到了，我把它收回來，丟進背包避免礙事。我小心地抓著岩石，將冰爪用力踢進雪中，像是蛆蟲蠕動一樣在岩面上緩緩移動。不久之後，我終於脫離了動彈不得的處境。

策馬特村莊的燈光一盞盞亮起，更近一點的山屋也發出溫暖的黃光。也許他們正在吃晚餐，輕鬆地閒聊著。

山屋就在眼前，彷彿觸手可及，卻怎麼也勾不著。屋裡那盞燈光溫柔地像是美杜莎的雙眼，讓我覺得只要再望向它一次就會受到蠱惑，相信自己已抵達終點，便從此駐足不前。

當身體與心靈遭受折磨時，我往往會對自己說：「為什麼不待在山下就好，喝著暖呼呼的熱茶，躲在棉被裡，什麼事也不需擔心，不用像現在這麼痛苦，又餓又冷。」尤其是獨自一人時，這種自怨自艾的聲音就像廣播一樣，停也停不下來。

為了克制這種聲音，我會在腦中找出賞與罰的例子。比如說，只要下了山就能吃到美食，下不了山就只能一直待在這裡挨餓受凍，這一切都是咎由自取，想要解脫就停止胡思亂想繼續走。這麼一想，通常就能緩解症狀。

我拍了拍臉頰，強壓那股極欲倒頭就睡的倦怠感，把理智拉回腦中，逼自己重返將近十二小時之前的專注狀態，告訴自己就快回到山屋了。天色暗去，頭燈的光照在雙腳之前，形成一個圓形光暈，這場景太過熟悉。不要多想，繼續前行。

晚上九點五十分，我推開了山屋的大門。裡頭燈光昏暗，大廳只剩下女主人在收拾東西，正準備打烊。她驚訝地看著我說：「你跑去哪裡了，這麼晚才回來？」

「我剛從馬特洪峰下來。纜車已經停開了，我回不了村莊。請問還有空位嗎？」我不好意思地問，因為要先打電話預訂才能入住。

「有啊，當然有。我幫你安排一間單人房好嗎？」

「那真是太好了，謝謝妳。」

「你臉色真差，吃晚餐了嗎？」我搖搖頭說沒有。

「肯定餓壞了吧。廚房裡還有湯，我去熱一些來給你喝。」女主人說完便走進廚房。她的嚮導丈夫在一旁豎起大拇指，跟我道恭喜：「你做到了！」

卸下裝備，懸在心裡的石頭也跟著放下了。

經過十八小時的攀登，身體已經產生一種麻木感，但看到女主人端著一碗熱騰騰的番茄濃湯過來，叮嚀一句「趁熱喝！吃完放桌上就好」，待我如同多年沒見的老友，令我的淚水幾乎奪眶而出。

我將糖包全部拆開加進熱茶之中，桌上所有能夠搭配的東西都丟到盤子裡。我大口大口地吞下食物，像是這輩子從未進食過。

吃完飯，為了不打擾明天還要早起的人，女主人幫我安排了一間單人房。我躺在柔軟的床上，肚子沉甸甸、暖呼呼的，突如其來的舒適讓人暈眩。但無法入睡，腦中像是有顆馬達不斷運轉，發出嗡嗡嗡的聲音。

解救我的番茄濃湯

「爬山的人在追求些什麼，以至於要賭上自己的性命？」出門那刻起，我一直在思考這個問題。

如果我說我比任何人都還珍惜生命，請不要嘲笑我；如果我說我比任何人都怕死，也不要說我懦弱。對我而言，**只有活著才能夠繼續冒險，只有冒險才叫活著。**

**正因為我更怕靈魂死去，所以無法控制自己去想像那些令人心馳神往的巍峨山峰，也不能停止產生走向它們的想法。我只有接近它們、看見它們、攀爬它們，才能體現我活著。**

這一夜，我不知是在何時睡去，只記得那晚像是做了一場夢中夢。隔天醒來，我就會回到現實中。

山屋窗上映著山之影

## 就算我的理性都在尖叫
## 我的感性也不會停手的

最壞的結果也就是摔到一千公尺的冰河底
下，除此之外我想不到更差的了。不過這
樣也好，至少我知道這件事的底線在哪。
世界上很多事情是做了也不會知道後果
的……

回程路上，我思考著這次攀登的疏失：「我是否承受了難以負荷的風險？」

從第一片骨牌倒下（忘了帶頭盔）那刻起，這次攀登在某種意義上便走向了不理性。我必須承認，當時我的直覺壓過了標準的安全判斷。若這發生在登山社裡，即便只有一個人忘了帶頭盔，都極可能導致整支隊伍必須撤退。

雖然成功爬完了這座山，但反而不是件可喜可賀的事。這次的經驗給我一個寶貴的教訓——**有時，撤退比繼續前進更需要勇氣。我需要學會接受失敗。**

爬完馬特洪峰的隔天，我搭纜車回到山下，在營地多待了兩天。我想起之前和朗去健行的時候，他說了一句話：

「Stop and smell the roses.」

意思是要我放慢腳步，偶爾停下來好好觀察周遭的事物，不要錯

過了那些近在咫尺的美好。

於是在剩下不多的時間裡，我想仔細看看這座可愛的小城鎮。

白天我待在營地放空，偶爾整理一下從山上拍回來的照片。不時會出現幾個想找人聊天打發時間的外國人，分享彼此煮的食物。營地的生活一直都是如此簡單。

到了下午，天氣涼了些，我會試圖走遍策馬特的每個角落。幸運的話，有機會在車站前的廣場看到阿爾卑斯山笛的表演。那笛聲總會讓我聯想到牧羊人驅趕羊群的畫面。

回營地之前，我順道前往皮特 (Peet) 工作的登山用品店拜訪他，帶了兩包臺灣泡麵作為謝禮。

七月二十日晚上，我收到皮特的訊息：

> 嗨，很高興你平安回來。因為這兩天我有一位臺北的朋友要來借住我家，我會準備晚餐（是咖哩飯）招待他，很歡迎你一起加入。晚餐將會在明天的七點左右準備就緒。如果明天不行，後天還有。

P.S. 謝謝你來店裡拜訪，很高興你把我視為團隊的一員！

隔晚，我來到皮特的公寓，內部沒有我想像中的狹窄，牆上掛滿寫著中文的物件，挑高的天花板讓本該狹窄的空間寬敞了起來。

吃完了晚餐，我們躺在無雲的山坡上，看著馬特洪峰逐漸隱沒在黑暗中，這裡是他閒暇之餘最常來散心的地方。

皮特問我：「為什麼想要獨攀？」他的眼神飄向天空的深處，這時金星已經出來了。

「我不太懂，獨攀會有任何理由嗎？」我問。爬山不是解數學題，沒有辦法找到一個絕對正確的答案。

「我的意思是，為什麼要選擇獨攀？」皮特重新問了一次。他顯然很想知道。

**「獨攀對我而言就是一種方式，找到同伴也是一種方式，我不想因為某一種方式可能不存在，就放棄嘗試的機會。」**

「但你沒辦法否認獨攀發生危險的機會比較高，對吧？」

「不，做任何事都有風險。就算不爬山，我也有可能走在路上被車撞，但那不代表我就不該出門。同樣的道理，爬山時即使身旁有隊友，也不代表更為安全；相反地，還可能會因為多了一個人而自亂陣腳，造成不必要的麻煩。」

「一個人在爬馬特洪峰時，我其實非常專注。在那樣的狀態下，只有確認穩固我才敢踏出下一步。就是因為知道沒人會確保我，我才更時時警惕自己不要出任何錯。」我接著說。

「難道你一點也不怕死嗎？」

「確實，技術攀登包含很多不確定性，但最壞的結果也就是摔到一千公尺的冰河底下，除此之外我想不到更差的了。不過這樣也好，至少我知道這件事的底線在哪。世界上很多事情是做了也不會知道後果的。」

若攀登馬特洪峰，或任何其他冒險是以快樂結局收尾，任何人都能暢談自己的英勇事蹟，即使其見解一點參考價值也沒有，還是

會有人把它們當作金玉良言。若以悲劇收尾，早就埋伏在側的一群酸民便會跳出來大肆批評。我知道這個世界如何對待偏離主流的人事物，所以當我發現自己將會走向極端時，比起攀登高峰，我其實更害怕他人的酸言酸語。

老實說，以世界的格局與標準來說，登上馬特洪峰還稱不上是探險。原因是馬特洪峰的攀登路線已經發展得十分健全，每年約有三千人成功登頂，在二十歲前登頂的人更不在少數。

綜合這些事實，在我歸來的這一年裡所收到的勇氣讚歌，只會換來更多知情者的嘲笑，提醒我這真的沒什麼。

「好了好了，故事到底說夠沒，講不膩嗎？」、「路書上寫十小時內完成，你整整比別人多花了八小時喔！(編註：路書 (Guidebook) 為經驗豐富的攀登者針對某個特定攀登區域所撰寫的路線資料書)」、「到底有什麼了不起的，別露出那種喜孜孜的笑容好嗎？」、「講得太誇張了吧，明明就沒這麼難。」每一句稱讚都有對應的諷刺短語，虛偽的自信早已支離破碎。

彼得・博德曼在《輝耀之山》寫道：**「勇氣只不過是做你害怕做的**

**事情而已」**。既然我的恐懼在出發時就已煙消雲散，那代表勇氣不是支持我去做這件事的基礎。獨攀一座山不是勇氣的展現。

「看來你早就想清楚了。我想除了你自己，誰也沒辦法說服你不去做這件事了。」皮特看來已經釋然，我很高興聽到他這麼說。

「你錯了，就算我的理性都在尖叫，我的感性也不會停手的。」皮特露出了對我的變態人格感到噁心的表情。

「那之後呢，你的旅程還有半個月，你打算做什麼？」

「我明天就會前往夏慕尼，也是去爬山，只是我不會再做像是爬馬特洪峰那樣危險的事了。」

「你也知道什麼叫做危險啊？哈哈哈哈！」

算起來我已經在策馬特待了十二天，要是準備得更充裕，也許時間可以再縮短一些。但現在的我不想少掉在這裡的任何一天，因為每天都有它專屬的記憶與碰到的人。

事實上，這趟旅程我一點也不孤單，有朗、湯姆和伯納特，山下替我留守的皮特，以及艾特和伊那基。

在追尋夢想的路上，很多時候都是一個人走著，也許偶爾會產生無以名狀的孤獨感，但只要想到曾伸出援手幫助我的那些人，還有掛念著我的家人，無形之中就會有一條細細的線將我們聯繫起來。獨行的路上，我從來不是一個人。

我們沿著昏暗的山間小路走向亮著橘光的街道巷口。分別時，我再次對他的留守與晚餐表達謝意，並說有機會我會回到這裡，帶更多臺灣的東西給他吃。

「你讓我想起了捷克，我的家鄉。」最後他說。

皮特的公寓

皮特

Part III

# 另一座山

## 高山攀登第一重鎮

這裡少了貴族的氣息，多了一點鄉下小鎮
的純樸。如果說，策馬特的馬特洪峰是阿
爾卑斯群峰的最後一塊拼圖，那麼夏慕尼
就是阿爾卑斯攀登的發源地……

在策馬特的旅程到了終點，七月二十二日，我搭上白朗峰特快車前往下一段故事的發生地——法國的夏慕尼。

在列車中，我一路看著馬特洪峰漸漸消失在重重山巒裡。天氣很好，山谷裡的綠意讓我想起在南投念高中時，校園那片一望無際的草原，有「臺灣小瑞士」的美名，現在看來兩地真有幾分相似，令我不禁微微一笑。

沿著本寧阿爾卑斯山脈北側，列車向西前進，在山谷中穿梭，在森林Ｚ字攀升，在山腰上鏗鏘而行，或是穿越廣袤的平原。

下午五點抵達夏慕尼。一出車站，我便被眼前的高山給震懾住。Ｕ型谷左右側的高山像是兩排舉著刺槍的皇家衛兵，以不可侵犯的氣勢矗立在夏慕尼的上方。這些山的背後是眾神的領地，是變化莫測的冰天雪地，我深深為那樣的神祕感著迷。

我呆立許久，推敲著這裡與山上的距離：如果白朗峰是四八一〇公尺，那表示從夏慕尼的一〇三五公尺到冰河之間是將近三千公尺的垂直距離，而我抬頭就能看到它們，光這麼想就讓人血脈賁張，恨不得馬上開始爬山。

特快車窗外的山谷綠意

夏慕尼的小鎮風情讓人第一眼就愛上。與策馬特不一樣，這裡少了貴族的氣息，多了一點鄉下小鎮的純樸。雖然物價仍比不上義大利便宜，但還是比瑞士親民多了。

如果說，策馬特的馬特洪峰是阿爾卑斯群峰的最後一塊拼圖，那麼夏慕尼就是阿爾卑斯攀登的發源地。

一七八六年，米歇爾‧帕卡德 (Michel Paccard) 與雅克‧巴爾馬 (Jacques Balmat) 首次登上白朗峰，從此開啟了阿爾卑斯式攀登 (alpine style) 的輝煌時代。一座座四千公尺的高峰相繼被攀登，夏慕尼占盡地利之便，成為高山攀登的第一重鎮。

這裡不僅是阿式攀登的搖籃，幾乎所有想得到的與山有關的戶外運動，例如攀岩、滑雪、越野跑、登山車、飛行傘，甚至是滑翔運動（穿著飛鼠裝從高空一躍而下），都能在此找到屬於它們的天地。每年這裡吸引無數人前來，在戶外運動界頗負盛名。就算不爬山，一整天坐在咖啡廳看風景也是人間享受。

不過，在夏慕尼我沒有什麼具體的目標。我馬馬虎虎定出了大方向：自主雪地訓練。經過了策馬特的洗禮後，當前最重要的事並

非再去爬哪些高峰，而是強化基本能力，例如練習雪地行進、滑落制動 (self-arrest)、架設固定點 (anchor) 等，或是練習裂隙救援 (crevasse rescue)。

我還是會去爬山，但原則是不再徒增多餘的危險。我的觀念似乎變得更為保守了——但這或許是件好事。

在夏慕尼，舉目可見山的身影

## 飄浮在天空的黑色要塞

隨著車體扶搖直上，我抬頭已經能夠隱約
看見南針峰車站。它像是一座飄浮在空中
的巨大黑色要塞，雄偉且莊重，針狀的山
頂彷彿能夠勾住雲翳的衣角……

我實在太善變了。多數時候我非常固執，且行動難以捉摸。有時說走就走，有時毫無動力。到了夏慕尼之後，我表現得有些隨性，或更該說表現得很頹廢。

雖然早上我總是找得到事情做，例如到附近的步道去健行、拍照，逛街把工具買齊，甚至買了人生第一支冰斧與第一雙冰爪。但怎麼說，在山下的感覺其實糟糕透頂。我對自己沒有在山上進行訓練很不滿意，心情焦慮的我連拍照都無法順心如意，記憶卡中大多是些不堪入目的差勁照片。

⌒

七月二十五日清晨，我要前往南針峰 (Aiguille du Midi) 了，打算紮營在冰河上。前往冰河最快速的方式就是搭乘纜車，短短二十分鐘內便可以從平地直達三八四二公尺的南針峰頂。

雖然纜車為旅客和登山客帶來了便利，也一定程度促進了歐洲的登山發展，但我懷疑，靠科技的力量克服天然屏障，不費吹灰之力就登上高峰究竟是好是壞，在這個基礎之上的挑戰還算得上是挑戰嗎？

天氣預報顯示，今晚山谷會有一場暴雨，我帶上之前在策馬特營地使用的三季帳篷，想測試看看這種帳篷的耐冷極限。我就像被虐狂似的，抱著有些期待的心情朝車站走去。

因為對車站的排隊盛況早有耳聞，所以我刻意選在開始營業前半小時抵達。但一到現場，發現這裡還是站滿了登山客。我有些沮喪，仍然起得不夠早。

在我排隊時，來了一個年紀看起來跟我差不多的男生。他戴眼鏡，穿著深藍色始祖鳥套裝，臉四四方方的，看起來十分精實。

因為都是孤身一人，我們幾乎在同一時間注意到對方。他立刻用中文跟我打招呼，我有些詫異。這是我來歐洲後第一次有人用中文跟我溝通，我回應他時竟有些生疏，彷彿很久沒有講過話。當下說了什麼我不記得了，因為那時我急著去買票。彼此很快就在人群中告別。

買了車票，我在工作人員的指引下混入候車人龍。纜車來回接駁的速度很快，原本人滿為患的車站大廳沒多久就被消化得只剩下一小群人。清晨的此刻，大多數的觀光客仍在睡夢之中。

通往南針峰頂的纜車

夏慕尼存在兩個時空，一個是登山客的，另一個則是觀光客的。它巧妙地提供兩種不同的棲息空間，看似涇渭分明，卻又在某些時刻彼此交融著。

說來好笑，一部分的我鄙視完全依靠纜車這種他力的人，但另一部分的我卻接受科技帶來的方便，妥協自己的尊嚴，腆著臉跟著眾人的腳步搭上纜車。至少，這也是一種平等的象徵，不需要會爬山便能夠欣賞相同的景色。

擠滿人的車廂充滿了興奮的交談聲，每個人都十分期待看到村莊消失在雲霧之中。隨著車體扶搖直上，我抬頭已經能夠隱約看見南針峰車站。它像是一座飄浮在空中的巨大黑色要塞，雄偉且莊重，針狀的山頂彷彿能夠勾住雲靄的衣角。

呼嘯而過的沉降風使車體不斷搖晃，整車的人們都感受到了。沒有人敢再發出任何聲音，全都聚精會神等待著。

二十分鐘內攀升了超過兩千八百公尺。出了纜車，迎面而來一座巨大空橋，以鋼鐵懸架搭建，直接將山體當作橋臺。空橋連結了兩座獨立的岩峰，底下是兩百公尺深的狹窄溝壑。

南針峰車站是一座鑲嵌在黑色巨岩中的堡壘，車站內部是挖空山體建造而成，四周是冰封的大地，與圍繞廣闊冰河的崇山峻嶺。銳利的山稜像是跌宕起伏的搖滾樂曲，陡直的花崗岩峭壁是它們狂放粗獷的舞臺。對登山者來說，這個時空是天賜的聖地。

但雲層之上的天空之城並不像平地那麼溫柔，享受自由自在攀登的同時，可能也有相對應的代價。在冰、雪與岩石並存的高山上，不保證不會發生任何意外。

就在這時，我收到皮特傳來的一則新聞，是發生在馬特洪峰的一場意外：這週有個策馬特當地嚮導在四千多公尺的位置被落石擊中，並旋即拖著他的客戶墜落六百公尺的懸崖。當遺體被尋獲後，策馬特當局立刻宣布封鎖馬特洪峰，禁止攀登。

我渾身起雞皮疙瘩——那不正是我跟艾特與伊那基躲過一劫的地方嗎！

今年的歐洲異常炎熱，很多攀登路線可能因雪崩而無法攀爬。我想起幾年前的一則新聞：「二十五歲臺灣青年登白朗峰失蹤」，後來救難隊並未找到遺體，他很可能還在冰河的深處，永遠停留在二十五歲。爬過馬特洪峰，我對風險的看法默默有了轉變。

宛如巨大黑色要塞的南針峰車站

我找到了連接車站外雪坡的鐵柵欄，並在那裡換上冰爪，穿過寫著「遊客止步」的登山者冰洞。走出冰洞最先看到的是 Outdoor 雜誌會出現的封面場景：以普蘭針峰 (Aiguille du Plan) 為首的鋒利刃嶺在前方一字排開，背後是一層層疊起、無限綿延的阿爾卑斯群山。這是我夢寐以求的夏慕尼華麗開場白。

我繼續朝著冰河的平緩處走去，雪地上的足跡像是天空中的飛機雲，拖曳出一條條平滑紋路。一路上依然出現大大小小的冰河裂隙，但我已經不像剛來歐洲時那樣害怕，很快就走到了宇宙山屋 (cosmiques hut) 底下的山坳處。

我搭好帳篷，天色馬上暗了下來。遠方一片雷雲逐漸逼近，隨處可見的烏鴉都躲回石縫，纜車停留在半空。一切運行中的事物好像同時壞了齒輪，維持在上個瞬間的狀態。然後，黑暗完全支配了大地。

# 失速急墜

他滑倒了！我也立刻失去重心，急速滑向
裂隙⋯⋯空氣在燃燒，雪地在沸騰，藍天
成為瘋癲的大海 ，滔天巨浪就要將我吞
噬⋯⋯

七月二十六日，我還活著！

昨晚睡得並不好，雪地的寒冷超出了我的想像。我把所有衣服都裹在身上，仍然冷得發抖。但好消息是，我的帳篷通過了測試，它確實撐得住每小時三十公里的強風。我真是以它為傲，但我打死不會再做同樣的事了。

我把帳篷拉鍊拉開，看著和煦的陽光擊碎一夜的寒冷，烏雲落成新雪，大地萬物恢復了活力。這時，一道人影出現在我眼前的雪地上，擋住部分陽光。

我抬頭一看。「你是昨天那個？」是昨天排隊時遇到的那個人。

「我是李睿。」他接著簡單介紹自己是在德國攻讀碩士的大陸人，請了一個禮拜的假就為了來爬白朗峰。

「你沒有同伴嗎？」我問。

「沒有，我自己一個人來。我是想問你，我想去白朗峰，走三山路線 (Trois Monts route)，你要不要一起來？」

「什麼？現在出發來不及了吧。」如果要走這條路線，天亮前就要出發了。現在走的話，天黑也回不了山屋。

「沒事，到時候再看情況決定。」

「這樣行不通，我不想摸黑回來。」

「你會在這裡待幾天？」

「我帶的食物頂多就三天吧。」

「不然這樣好了，我們先去探路，看看後面的路況怎麼樣，我聽山屋的人說這兩天有發生幾場雪崩。」

「這麼隨性啊？我本來沒打算要爬白朗峰呢。」

「沒事兒，偶爾隨性點感覺也很不錯。」我對隨性這兩個字完全無法抗拒，答應了這突如其來的邀約。

剛開始我們就以短繩隊 (short roping) 的方式相互連接，朝著三山

路線的第一座山——塔庫山 (Mont Blanc du Tacul) 雪坡走去 。 塔庫山底看得出來有過雪崩，遠遠望去還能發現大大小小的雪塊和它們滾落的痕跡。在那之上還有許多懸垂外傾的雪簷，不知在巨大的壓力下它們何時會崩解。

走在這些駭人的龐然大物之下，我擔心太陽越過山頂照到這一面時，我們將會曝露在危險之中。假如那些東西突然掉下來，我們就會被上萬噸的冰雪壓得動彈不得。

但李睿似乎沒有這些念頭，依然我行我素地走著。

我們繞過這些崩落的雪塊，最大的一個根本是一座小型冰山。沿路的斷垣殘壁就像戰後現場，讓人怵目驚心。

我們抵達第一道裂隙。這道裂隙不算寬，但是高低落差有一層樓高，必須要用兩把冰斧才能翻上去。但我身上只有一把，而且從來沒有類似的冰攀經驗，倒是李睿已在旁邊摩拳擦掌。

他這次帶了兩把要價不菲、由黑鑽 (Black Diamond) 生產的技術型冰斧，其短小彎曲的外觀讓揮砍的力道更容易傳到鶴嘴 (作者註：

塔庫山

鶴嘴 (pick) 為冰斧鐮刀狀彎曲的尖端,可用來刺入堅硬的冰雪面借力向上攀登),是攀登陡峭地形的絕佳利器。至於我的健行冰斧,外觀沒有這麼彎曲,手柄更長,則適合用於平緩的冰河健行。李睿顯然是有備而來。

「我來領攀吧,你在下面幫我確保。」李睿自告奮勇地說。

「你之前有學過冰攀嗎?」

「我在 YouTube 上面看很多教學影片,沒問題的啦。」沒想到有人跟我一樣,看了教學影片就來冒險。

「所以這是第一次囉。」

「對!等等你看我表演一次就知道了。」李睿似乎有十足的自信。

他將冰斧敲進雪中。隨著一次次敲擊,冰斧越鑿越深,雪塵噴濺,在空氣中產生一道彩虹。他接著叉開腳,將冰爪前齒踢入雪面,一個上拉,右腳跨出,不一會兒功夫,整個人就爬過了這道裂隙。

第一次冰攀的李睿

我有些佩服，也照他的方式做一遍，很快地我們都通過了裂隙。

接下來是一段五十度傾斜的長雪坡，直直通往塔庫山頂。雖然李睿持續走著，但狀況開始有些不對勁。他的步伐變得拖沓，呼吸也越來越急促，像是溺水般，混雜著水在喉嚨滾動的聲音，幾乎每五分鐘就必須停下來休息。

一路上我問了他數次要不要撤退，都得到「我沒事，休息一下就好」的回覆。對我而言，有沒有登頂都無所謂，我只擔心能不能平安回到山下。

「要是中午以前還沒到塔庫山頂就不用玩了，更別想去白朗峰。」我們已經花了將近三小時走這片雪坡，實在太荒謬了。

問題不只出在時間上，我們的默契依舊沒有任何進展。我有時會莫名其妙被停下來的李睿拉住，這讓我有些惱火，心情越來越差。而且這件事根本不是我提議的，我本來打算待在營地附近做簡單訓練，但現在卻置身於到處是數十公尺深裂隙的險境。

忘了是第幾次休息，我坐在一旁，等他能再次站起來前進。

「你之前爬過哪些山？」我問。

「我爬過德國的楚格峰 (Zugspitze)，那之外就沒別的了。」楚格峰的高度不到三千，是一座搭著纜車直達頂部的山。

「然後你就來這裡，要去爬白朗峰？」講到這裡我已經怒火中燒，就快要迸出一連串髒話。

但我終究沒有罵出口。因為我們是彼此的影子，我在他身上看到自己。那是比我更為頑固的靈魂。

「我休息夠了，走吧。」李睿站起身來，死盯著雙腳。他如此沮喪，像是生平第一次考了不及格。接著他說：「你走慢一些，然後我盡量不要停下來。」

李睿大我五歲，在德國一所工業大學唸量子物理。和我相比，他似乎更專注於學業，也有著十分明確的目標。對他來說，有遠比登山更重要的使命要去完成，但此時的我除了山之外，再也想不到其他的事了。

在那之後，我放慢了行進的速度，讓李睿能夠跟上。但隨著坡度

越變越陡，他會在我沒有發覺時忽然停下來。等我回頭看他，他又強逼自己繼續走。

我們來到第二個裂隙，停了下來。因為白天氣溫上升，這裡的雪變得潮溼鬆軟，融化的裂隙開口處正滴著水。因為看不到裂隙有多深，我認為這裡並不安全。

我觀察了一下附近的地形，發現左前方有個地方能夠直接繞過裂隙。那裡的開口寬度容許雙腳跨開就通過，不必從比較危險的下緣攀爬。李睿同意我的想法，我們便朝那裡走去。

左側的雪坡果然如我所料，我們很順利地越過這個裂隙。但在我們回到原路時，李睿突然「啊！」大叫一聲，聯繫我們的繩子立刻繃緊，一股強大的力量順勢傳來——他滑倒了！

我也立刻失去重心，急速滑向裂隙！

但我趕緊轉換姿勢，翻身做出滑落制動：冰斧鶴嘴釘入雪面，雙膝彎曲抵地，收肘縮腹，一連串動作幾乎出自本能反應，冰斧在雪面上畫出一道深刻的凹痕，像是劃破黑夜的尖銳哨聲。

我內心吶喊：「快停下來啊！我不要死！」但身體一點也沒有要停下來的意思。

四周的景物也因慌亂失去了原貌，所有事物都混成一團。空氣在燃燒，雪地在沸騰，藍天成為瘋癲的大海，滔天巨浪就要將我吞噬，我正在失速急墜著。

頃刻之間，彷彿上帝按下暫停鍵，世界又恢復原樣。我停在雪面上，往下方一看，裂隙離我不到兩公尺！

因為高低落差，我並沒有看到李睿。我忐忑不安，怕他掉入裂隙裡了。

「李睿！你還好嗎？」我對著下方大喊，等待回覆的時間幾乎和滑落一樣久。

「在下面！我沒事！」

聲音傳來的這一刻我終於放下心。

莫迪山 (Mont Maudit)

原來李睿越過了裂隙，掉到另一端我們剛剛停下來的位置。他走上來，回到我這邊。

據他的說法，他覺得事發原因是那裡的雪太滑了，像爛泥巴一樣，他重心不穩就滑了一跤。不過我認為那裡的雪還不至於滑到會讓人跌倒，而且他走在後面，理論上雪都已經被我踩實了。

另外，我發現還有一件事很詭異。

「你剛剛有做滑落制動嗎？」我問。

「那是什麼？」

「就是煞車的動作。」

「我就……」他說話支支吾吾，顯然什麼事也沒做。

「靠！你知道我們兩個很可能會一起跌進裂隙裡嗎？」我再也忍不住地破口大罵，全身顫慄不已。

恐懼已經昇華為憤怒與悲傷，需要找到出口發洩。我把責任都推給面前這個人，好像整件事跟自己無關。但表面上我罵著他，卻也罵著自己。作為領導隊伍前進的人，我沒有考慮到別人爬山的狀況，而且主觀地認為他理所當然要會滑落制動的技巧。

回過頭細想，又發現一件令人心驚的事——既然李睿沒有煞車，那他是怎麼停下來的？

除非真有神蹟，不然在這種坡度的雪地滑倒，根本等於自由落體，是不可能無緣無故停止的。

「裂隙的底下有個平臺，我剛好掉在上面才沒有繼續往下滑。」李睿這麼解釋。

天曉得沒有那個平臺會發生什麼事。我們都知道，這次幸運逃過了一劫。

# 不想空手而回

休息時，我在山坳的東側看到了一座不知名的岩峰，高約二十公尺，座落於冰河消失的盡頭……我和李睿相視而笑，彼此都知道下一句要說什麼。「走，我們上去！」……

我們通過了陡長的雪坡，到了平緩的莫迪山 (Maudit) 鞍部，這裡只離塔庫山頂不到五十公尺。

對於剛剛的事我仍餘悸猶存，但李睿已經忘得一乾二淨，碎唸著白朗峰云云，還想去爬。如果人的樂觀是由基因決定，那我猜他媽肯定生給他太多樂觀了。天才與瘋子若只有一線之隔，那李睿肯定就是介於中間，兩者皆是的那種。他的樣子讓我感到害怕，但有時我還挺羨慕這種人，他們總是能迅速忘卻難堪的回憶，讓自己振作起來。

「不知道我們之中是誰燒了好香，不過我現在也懶得知道了。怎麼樣，我們還要繼續走下去嗎？」其實我心中已經有了答案。

「那個人肯定是你，你懂吧，哈哈哈。」到了這種時候還開這種玩笑，我真是服了他。

「我想上莫迪山去看看。」李睿說。

「那是不可能的，現在已經十二點半了，按照我們的速度絕對來不及，我可不想天黑走這段路回去。」

「那我們就睡在雪裡，怎麼樣？」

「我們又沒有帶過夜裝備，你要睡哪？」李睿天馬行空說了很多在雪地睡的方法，像是挖個雪洞或是把羽絨衣都穿上躺在雪裡之類的，但我聽完滿頭問號，根本不知道他哪裡來的勇氣做這些事。

「反正那是行不通的。」我堅定地否決他的所有提議，因為昨晚就算是待在睡袋裡我都覺得冷了。

這時，我看到莫迪山上的隊伍，他們卡在同一個位置很久了，開始往下撤退，直覺告訴我前方可能有狀況不適合繼續前進。李睿同意我的看法，不再堅持上去。

我覺得我有責任帶領這個小小的隊伍，做出抉擇，適時地止損，把傷害、發生意外的可能性降到最低。

「就算你想自己去，我也不會讓你去的。」我說。

「我知道，聽你的。」雖然李睿嘴上這麼說，但神情顯得悵然若失。我明白不能去的感覺很痛苦，但我絕不會讓他自己上去，那等於是自尋死路。

李睿站起來拿著冰斧，轉身對我說道：「走吧，我們回去吧。」

我看著他轉身朝山下走去，竟有一種止不住的哀傷。明明是一個隊伍，憑什麼只有他懷抱夢想，我反而成了阻撓他追夢的那個人。我既無法證明他會失敗，也沒有理由讓他獨自承受挫折。但是，我要撤退的立場堅定不移，絕不再製造更多潛在的風險。

休息時，我在山坳的東側看到了一座不知名的岩峰，高約二十公尺，座落於冰河消失的盡頭。對於撤退的決定，我也感到一定程度的失落，不想空手而回。我問李睿有沒有興趣到那邊看看，他說反正都要回去了，過去看看也不是件壞事。

我們走到了東側的冰河邊緣，眼前的岩峰看起來更加巨大。我和李睿相視而笑，彼此都知道下一句要說什麼。

「走，我們上去！」

·

因為我比李睿更熟悉攀岩的確保操作，這次就由我擔任領攀的角色，他再從後面跟上。

岩峰的難度大約是優勝美地分級系統 (Yosemite Decimal System, YDS) 的 5.6，難度不高，稍微有點運動基礎的人就能攀爬。但上頭布滿了積雪，偶爾必須做出撐推的動作將身體抬起，或是在充滿暴露感的稜線上自由攀登。經過一連串刺激卻又不失樂趣的連續攀爬後，我們到達了峰頂，下方是另一座冰河圈谷。

居高臨下鳥瞰谷底的渺小景物，望著數十座縱橫交錯的萬仞絕壁，圍繞圈谷的群山彷彿伸出無數觸鬚的克蘇魯 (Cthulhu)。我們就像走入了異世界，一切是如此夢幻。

李睿驚呼著、讚嘆著，並將雙手張開，想把整個天空攬進懷裡，我想起了在策馬特的那段回憶。也許這就是阿爾卑斯山的魔力，讓不同文化背景的人分享著相似的經驗。

這裡沒有難度分級的觀念，也沒有路線的束縛，只是純粹攀登。在山頂的我彷彿看到那個登山者穿著筆挺西裝，戴著高帽優雅攀登的年代。

已故的傳奇登山家艾力克斯‧勞 (Alex Lowe) 曾說了一句廣泛流傳在登山界的名言：

「The best climber is the one having the most fun.」

**把登山從競逐難度的世界移開，不去管它多高多遠，純粹享受爬山本身帶來的快樂。**

現在的我們無疑是全世界最快樂的攀登者。

登上不知名的岩峰

有如異世界的冰河圈谷

# 末日之夏

現在冰河已經退到那裡了，再來它會繼續
往後退下去，直到連上另一邊的斷面，那
就是冰河死掉的時候……

山頂的風蕭瑟地吹過，塔庫山鐵黑色的山壁與冰河彼此交疊，像是太極的陰陽二氣相勾，破壞與重生相互消長。

今年 (2019) 的熱浪席捲歐洲，各個內陸國家接連創下高溫的歷史紀錄；不僅是歐洲，年年飆升的均溫似乎成為全球趨勢。在覆蓋白雪的阿爾卑斯高山裡，更能感受到氣候變遷的影響——冰河正在加速消融，雪崩攜帶大大小小的砂石滾落，在雪地裡沖刷出扇形的土石堆積，這都是攀登者最不願見到的景象。從遠處看並不駭人，但若在穿過冰河時遇上這些不速之客，要是被砸中，人類脆弱的肉體恐怕是凶多吉少。

一則新聞報導就表示，白朗峰南側一個義大利小鎮庫爾馬耶烏爾 (Courmayeur)，因普蘭平瑟冰河 (Planpincieux glacier) 隨時會崩解，並可能引發規模 4 以上的雪崩 (足以掩埋一般的建築物或汽車)，義大利當局緊急宣布大規模撤離，要求民眾離開村莊。

坐在無名峰的山頂，從山脈的位置來看，我們目前約在塔庫山的西南方。雖然直線實際距離和來時的纜車站相去不遠，但這裡的

地勢卻高出南針峰（三八四二公尺）許多，白朗峰的三山路線上超過四千米的主要山峰——塔庫山（四二四八公尺）、莫迪山（四四六五公尺）、白朗峰（四八一〇公尺），每一座山與下方圈谷都有接近四百公尺的落差。而無名峰的位置正好夾在塔庫山與莫迪山之間，連接它們的冰河、與山壁接壤的冰後隙 (bergschrund)、中間不斷崩落的懸冰河 (hanging glacier) 都盡收眼底，那破冰船首樣貌的優美冰河斷面，像是一道凍結的巨浪。

我和李睿坐在山頂，享受著這一方平靜。這裡除了烏鴉之外，沒有其他人。

「我第一次看到裂隙時總是很好奇，這到底有多深。在這太陽照不到的冰層裡，它的底部究竟長什麼樣子。對了，你知道裂隙最初是什麼嗎？」我問李睿。

「什麼也沒有。」李睿說。

「裂隙原本只是冰河釋放壓力所產生的細小皺紋。等到這些皺紋再也承受不住這些壓力時，冰河就會像紙張一樣被撕開。」

「然後呢？」

「然後裂隙在日夜不停的拉伸下，會跟其他小裂隙連在一起，變得越來越大。你看，那裡原本也都是一段一段的小裂隙，等到全接在一起變一條線時，整個冰河就會完全斷成兩半。」我指著底下那個整面斷掉的冰河邊緣。

「你想說什麼？」李睿問。

「現在冰河已經退到那裡了，再來它會繼續往後退下去，直到連上另一邊的斷面，那就是冰河死掉的時候。」我無可奈何地呆看著，有一股無來由的憤怒。

「你想，我們因為坐在這裡，才能看到冰河正在不斷改變。但其實每件事情都不停在改變。你、我，或這個世界，只要是由原子組成，就無法避免持續走向混亂。每件事都是不可逆的，死就是死了，冰河也是。」我說。

「我們是殺害冰河的兇手！」我接著說。

「既然如此，你為什麼不待在城市就好？」李睿問。

「城市看似每天都在變，但如果站在同個街角觀察一整天，你會發現那裡什麼也沒改變。隔天還是一樣，在某個時點，會有同一班巴士駛過，同一對情侶牽手走過。我在城市裡，找不到時間流逝、景物改變的特質。」憤慨已經使我語無倫次。

「你感嘆冰河不斷消蝕，人類文明是萬惡之源，但你生長的地方在你長大之後也變成了斑駁的角落，你卻不會感到相同的痛苦。每個人都安分地活在城市的洞裡，過著索然無味的生活。你可以一聲都不吭，也可以一次關心很多事，但不要把你不在乎的事當作別人也不在乎。」李睿說這話的方式，像是有某種不知名的力量正在撕裂他的嘴。

離開山頂之前，我拿起相機，想用影像記錄整座冰河，但因為冰河太過龐大，無法一次拍完，所以必須拆為三張照片來拍攝。

我稱這組照片為「末日之夏」，呈現的不僅僅是已經流逝的過去，更是冰河的未來。我刻意將顏色抽離，營造出一個無法一眼看穿的境界。雖然每張照片都是靜止的畫面，但我試圖讓它擁有真實世界中，時間流動的本質——混亂。

末日之夏

## 雪中撤退

一整天的高溫讓所有雲氣蒸騰而上，還來不及回到宇宙山屋，整個鞍部就已經被雲霧籠罩，前後都是一片雪白。腳下的足跡雖然很明顯，但是再遠一些就什麼也看不到……

從山頂垂降下來的過程裡，我和李睿達成了共識，他同意這次的確不應該貿然行動。我們果斷放棄攀登白朗峰，這是深思熟慮後的選擇，沒有因失去目標而頹唐喪志。

下午四點，我們到了鞍部，莫迪山已隱身在厚重的雲層之後。再過不久，它們就會席捲而來，完全遮住我們所在之處。

我們抓緊時間沿著來時的足跡下山。為了避免滑倒事件重演，回程的路上我讓李睿走在前面。當坡度變陡時，就要他轉身面對雪坡，謹慎走好每一步。

「等一下，我的雪鏡起霧了，我看不到。」李睿回頭告訴我。

「什麼，把它擦掉啊。」

「它有兩層，是中間那層起霧，我沒辦法弄掉。」李睿很懊惱，他的所有裝備都是第一次使用，所以他從未碰過這些問題。

「媽的，雲快要飄過來這裡了，再不走我們就要被追上了。」其實只要不是雨雲我都無所謂，但現在李睿的狀況很差，天曉得他

會不會再度滑倒,我要他別再管雪鏡。

一整天的高溫讓所有雲氣蒸騰而上,還來不及回到宇宙山屋,整個鞍部就已經被雲霧籠罩,前後都是一片雪白。腳下的足跡雖然很明顯,但是再遠一些就什麼也看不到。這時任何失誤都會被放大,釀成災難;要是再次滑倒,後果難以估量。

為了避免走錯路,我和李睿交換位置,由我帶路。回程途中,我一直有種隨時會被人往後拉扯的錯覺。我不斷確認李睿的步伐。

「我已經把雪踏實了,你跟著我的腳印走就好!」因為強風的緣故,我怕李睿無法聽見,所以大聲叫喊。

李睿沒有回應,仍在躊躇著下一步該怎麼走。他掙扎的模樣讓人不忍,於是我讓他拿著我較長的健行冰斧,這讓他走動時身體不必彎得太低,我則使用他的短冰斧。

此時,天氣每況愈下,彷彿我們越接近終點,山就越不想讓我們離去。濃霧夾雜著冰晶直直朝我們侵襲,臉刺痛不已,強灌上來的冷風幾乎令人窒息,只能拉高衣領製造呼吸空間。

大雪之中，已經無法只靠雙眼辨認方向，必須透過指北針及地圖定位才能找到最安全的路，所幸我的指北針一直掛在胸前。

這時的天空已變成陰沉沉的鉛灰色，太陽就要下山了。

走了大約兩小時，一路跟隨的腳印消失得無影無蹤。這代表我們已經回到李睿用冰斧翻過的第一道裂隙前，從這個高度下去必須要用繩子垂降才行。

我在旁邊找到一個前人留下的雪墩 (snow bollard)，便拿它來當作固定點，先將李睿下放到安全的另一端，再自行雙繩垂降下來。

我們已經到了地勢較平緩的區域。我稍稍鬆了口氣，有種終於解脫了的感覺。剩下的就只是慢慢走回山屋而已。

我和李睿在七點回到了山屋，趕上了晚餐時間。因為天氣不好的關係，大多數的登山者都已經下山，留下來的人只剩下我們與幾個工作人員。

在一片雪白中撤退

等我再度看向屋外時，外頭已經白茫茫一片，塔庫山也消失在霧海之中，不一會兒景色變得面目全非。我們像是受困在汪洋大海中的一葉扁舟，載浮載沉地朝著沒有月亮的寂靜夜裡飄去。

溫度驟降，不久後山屋的鐵皮隔板開始響起了乒乒乓乓的冰雹撞擊聲，此刻能坐在溫暖的餐廳裡真是幸福。我們吃著橘子閒話家常，談起了那些在攀登過程中沒機會說的事。

「老實說，我剛遇見你的時候覺得你是個紈褲子弟。」我這樣說並非無憑無據，因為李睿身上的裝備全是頂級貨。

「那現在呢？」李睿問。

「不只是個紈褲子弟，還是個瘋子。但是老兄，你得把你的體力練好。」

「你說得對，我還是準備太少。幾個禮拜前，我突然有了來爬這座山的想法，之後我滿腦子都是白朗峰。但我沒有實戰經驗，就找教學影片來看，我以為這樣就夠了。我原本約了朋友一起來爬，結果他中途才說不能來，我只好到這裡才找夥伴。」

「所以你原本是有夥伴的?」我問。

「有啊,不然你以為我真的會一個人上山嗎?我才沒那麼蠢。」李睿理所當然地說。

「少來了。」被他這麼一說,我感到無地自容。

「我剛開始是看到你的繩子跟我一樣,而且也是亞洲人,想說很巧就主動跟你打招呼了。倒是沒想到你也講中文。」

「那你就不怕找不到人嗎?」我問。

李睿相信,每個人的命運都早已決定好,無論是聽從心裡的聲音還是接受他人的建議,最終都只會導向命定的結果。

但即使他過度理性,卻也能說出這樣動人的一句話:「第一次的遇見是萍水相逢,第二次再相見就是命運。我沒想到還能夠在山上碰到你,這代表我們本來就註定要變成夥伴。」李睿燦爛地笑著。

他那天告訴我,宇宙萬物運行的劇本在人類出現前就寫好了,當

我們認為有權掌控自己的行為時，其實只是執行著被安排好的劇情。人類沒有所謂的自由意志。

我知道那是決定論者的主張，但在李睿的詮釋之下，我漸漸能夠理解他衝動的原因。

在就寢之前，我問李睿：「欸，既然明天就要離開了，我們要不要走宇宙稜線？可以一路走回車站搭車。」

「可以啊，但可能要看看天氣的狀況。如果還是這麼差的話，走雪地回去就好。」

「我剛剛看過預報，風雪到了半夜就會停，我想大概沒問題。」

我很高興今晚能睡在山屋，而不是繼續在冰河上受折磨。尤其當全身因為汗、雪而浸溼，誰不想在結束一整天的攀登之後，舒舒服服地待在山屋裡取暖？

登山者終究是善變的人類，還是會被安逸蒙蔽。

# 慢一點也許不是件壞事

在稜線上的攀爬過程很有趣，雖說是沿著
稜線走，但實際上更為複雜，有點像是走
迷宮，偶爾也會遇到類似山洞的地形，或
是必須順著岩溝攀登到一塊巨石上，整段
路毫無冷場……

七月二十七日早上六點，鬧鐘響了。天空已經全亮，昨晚的雲霧一掃而空，從窗戶射入的光束讓屋內的塵埃無所遁形。我趕緊搖醒李睿：「欸，快起來，天氣變好了！吃完早餐就出發吧！」

七點半，著裝完畢，我推開山屋沉甸甸的木門。外頭的寒冷被太陽驅散，和煦的陽光為我們灌注了活力，讓人想要趕快開始攀登。

南針峰上有數條經典的攀登路線，除了南面拱壁上的雷巴法特路線 (rébuffat route)，另一著名路線就是我們今天的目標——南針峰西南稜，又稱為宇宙稜線 (cosmiques ridge)。

朝宇宙稜線看去，一片晴空萬里，朝陽如烈焰竄出，照在南針峰岩壁上，赭紅色花崗岩山體就像一座城堡，在冰河上熠熠生輝。

我們打好繩結，相互檢查裝備以後，朝連接稜線尾部的山坳走去。

因為今年夏季太過炎熱，稜線上已經沒有太多積雪，所以我在山腳下就把冰爪脫掉，打算直接穿硬底鞋攀爬。李睿則頑固地繼續穿著冰爪，這讓我們前進的速度慢了不少。但這是我們最後一天攀登，慢一點也許不是件壞事。

宇宙稜線（左側山脊）

中午，我們在能夠容納四人的小平臺停下來，從背包掏出今天的午餐，菜色是法國麵包配煙燻香腸還有果醬。法國麵包感覺變得比一旁的石頭還要硬，李睿好不容易才將它們撕成一塊塊。我切好香腸，並用打火機烤了一下，做成幾份三明治。

「就把它吃完吧，下山就不會想再碰這些了。」李睿說。

「說得也是。」

這時飛來了幾隻烏鴉，一開始只是遠遠盯著我們看。可能是已經習慣遊客的餵食，這些貪吃鬼竟越飛越近，甚至開始啄起裝著麵包的紙袋，肆無忌憚地撒野。

「滾，再難吃也不會餵你們！」李睿抓起一把雪丟過去，我也跟著扔，兩人引以為樂。和昨天比起來，我們的默契增加了許多。

在稜線上的攀爬過程很有趣，雖說是沿著稜線走，但實際上更為複雜，有點像是走迷宮，偶爾也會遇到類似山洞的地形，或是必須順著岩溝攀登到一塊巨石上，整段路毫無冷場。

在小平臺享用午餐

宇宙稜線距離地面將近兩千五百公尺，從這裡能直接俯瞰整個夏慕尼小鎮。就如同它的名字，我們彷彿從宇宙邊緣看著地球，每棟房子、每輛車子、每個行人都縮成芝麻似的一小點。

稜線上有兩座顯眼的石塔，高約五十到六十公尺，是找到正確路線的重要指標，指引攀登者哪裡要垂降，哪裡要往右繞過。

雖說是路標，但它們也是不容錯過的景點。第一石塔的外觀呈錐狀，我們在這裡垂降，繞過石塔，代表這條路線走完了一半。第二石塔則是從左側繞過，很快便抵達了難關 (crux)，由我領攀，李睿再跟上來。

「真不敢相信我竟然爬得上來，太刺激了。」李睿氣喘吁吁說。

不久，我們抵達了終點，也就是連接著纜車站的窗臺。爬上鐵梯，翻過護欄，我們正式結束了今天的攀登。

接著有幾個好奇的遊客靠近我們：「你們從哪裡上來的！」「這麼高的地方，太可怕了吧。」「這應該很困難吧？」好多問題紛至沓來，我們不知如何回應。

1. 回望宇宙稜線 2. 彎下身子通過窄小空間的李睿 3. 正在攀爬的外國隊伍
4. 翻過纜車站的觀景平臺才算正式抵達終點

我突然這麼想，登山客與遊客在某個時間點的身分會模糊不清。當遊客走到戶外露臺，並嘗試理解登山的世界，他們與登山的世界產生了交集；當我進到車站與遊客交談時，我也能從他們的角度看到自己的樣子。

除了聚集在戶外露臺的遊客之外，四周也有幾個正在整理裝備的登山客。四散一地的岩械、繩環、登山繩、冰斧，這裡像是跳蚤市場。

「所以，結束了？」我問李睿。

「結束了，有沒有爬白朗峰也無所謂了，我很享受這趟旅程。」

「我以為你會很失望沒有去成白朗峰。」

「沒有登上白朗峰我當然會沮喪，但那只是一時的，回來的路上我就已經釋懷了，平安才是最重要的。登山本來就是實踐自我學習的過程，既然我學到東西，就代表沒有白來。」

「那你還會再來挑戰嗎？」

「以後吧，等我變得更強壯一些再來。喔對了，你說說你那個訓練怎麼做來著……」

李睿繼續說著，但我的注意力轉移到入口方向的一家人身上，一個金髮碧眼的男孩從大人之中探出了頭，雙手搭上鐵欄杆，眼睛直勾勾地盯著步伐沉重的登山客走出纜車站朝著雪坡走去。熱鬧的纜車站像是有兩個不同的時空在片刻之間相互交錯。如果站在那邊的是我，我會想些什麼？也許纜車站的存在，並不全然是為了送更多人上來看風景這樣簡單。

回到車站，這裡既是出發點，也是結束之地，雪崩、落石、急墜成為過去式。伴隨著遊人歡樂的氣息，我緊繃的心情像是手錶上緊發條後，齒輪漸漸緩慢，我的時間也在這一刻靜止。

# 回到一個人

在等巴士的這段時間裡，我聽說夏慕尼墓園就在車站後面……我找到了懷伯爾的墓碑，外觀跟馬特洪峰極為相似，上面寫著……

我們在夏慕尼休息了兩天。我已經不會對沒去爬山感到煩躁，反而能夠享受這種類度假生活。

但天下終究沒有不散的宴席。七月三十日早晨，李睿搭著巴士回到德國，留下我一個人。

在這裡停留了一段時間，尤其是遠離文明的山上生活，讓我忘記自己只是過客。但隨著旅程結束的日子逼近，李睿的離開也把我拉回現實。再過幾天，我就要到日內瓦搭機前往下一站了。

可能是突然少一個人的關係，晚上青年旅館變得冷冷清清的，我竟然開始懷念有李睿陪伴的日子。我將行李打包以後，心情平靜不少，我很快習慣獨自一人。我開始把前幾天在山上發生的事，整理成攀登筆記：

　　我自認我的危險容忍程度不算低，即便如此，李睿算是為我打開了新的視野。很多以前在登山社聽到的觀念在他身上完全行不通，因此我知道我是這個團隊裡唯一能踩刹車的人。

　　我認為在可行的天氣狀況、人員體力與地形環境之下，冒一

點險是可以接受的。但這三個前提若缺少任何一個，即便另外兩者再怎麼充足，也不應貿然登山。我一再試探李睿對於登山安全觀念的看法，以及他所了解的技術操作，比如確保動作的順序、垂降時的系統轉換步驟，再至基本的雪地行進、滑落制動，卻發現我們之間有很嚴重的資訊落差。

就結果來說，雖然在夏慕尼實際上沒有完成什麼，卻讓我從中體會到很多。在許多狀況下的抉擇，適時的退一步是為了給未來留下更寬廣、更長遠的路，絕對不是怯弱。登山是一種對心性的磨練，為了攀登一座山，飢餓、寒冷、疼痛這些使人痛苦不堪的折磨，都會化做前進的動力。

八月二日，鬧鐘不知為何被設成早上五點。雖然關了鬧鈴，但睡意也沒了。鑑於今天就要前往日內瓦，我早早出門離開旅館，想看南針峰最後一眼。

天空烏雲密布，街上也飄著毛毛雨，為村莊蒙上了傷感的面紗。

我搭上第一班纜車，直入雲霄。原先整座南針峰車站都被雲遮住，但隨著纜車越來越靠近，就像是潛艦浮出水面，南針峰鐵灰色的山壁在朦朧的團霧中出現。

出了車站，風吹得人瑟瑟發抖，但我還是走到觀景臺上等著，我想將雲霧散去的那一刻好好記住。不過藍天從來沒有出現，我只能默默下山。

回旅館拿了行李，前往車站等待下午的巴士，不久後我就要前往日內瓦。

在等巴士的這段時間裡，我聽說夏慕尼墓園 (Chamonix cemetery) 就在車站後面，便將大行李寄放在車站以後步行前往。

墓園緊鄰著東側山丘，我找到了懷伯爾的墓碑，外觀跟馬特洪峰極為相似，上面寫著：

**探險家－作家－登山家**

我想起在策馬特時，朗曾經說過：「**登山家 (alpinist) 的價值並非由他爬過哪些山來決定，而是透過他用什麼方式爬山來決定。**」

登頂不等同於成功，撤退也並非失敗。藉由這一趟策馬特、夏慕尼之行，我終於真正理解朗這句話的意義：**爬山是一種精神**。

# 為什麼要爬山？

開始爬山以來，我一直被動機與目的困擾著，也時常被問到為何要登山與冒險。無論如何回答，我總覺得言不由衷，彷彿心裡藏著其他答案。

後來漸漸明白，為何人要聆聽音樂、歌唱、跳舞？即使不做這些事，也能活得好好的不是嗎？如果做任何事都要有理由，否則這件事就毫無意義，那麼很多現在看來理所當然的事，都將不復存在。這樣的世界也會是一片乾涸的湖泊，每個人枯木般孤單地立著，多麼無聊。

也許，有些延續我們生命的東西，根本就不必問其存在的意義吧。如同追溯萬物的起源，「為什麼要爬山」這個問題，永遠不會有正確答案。見識過的山越來越多，一次一次得到不同的答案，每個答案背後又彷彿隱藏著更多問題。這種神祕感，正是驅使我不斷

接近山的動力，像本能一樣無法抗拒。

也像是一直尋找林中野兔的獵人，當森林被砍伐到只剩一棵樹，即使後面的原野再廣闊，獵人也沒有慾望再去追逐了，只會轉頭走向下一座森林。

登山有很多方式，走走大坑的九號步道可以是一種、爬爬百岳毋庸置疑也是一種，那為什麼選擇風險極大的高山技術攀登？

經歷了滑落雪坡事件後，我曾問自己，如果生命就在這裡終結了，我是否無悔。理性這一邊的我，完全可以選擇不要去。但當下的我，對這件事的渴望就像去見愛人。沒有神聖的理由，更不是出於意味深遠的一句「因為山就在那裡」。

對我而言，只是因為想見而去見。因為不去會坐立難安。因為不去會感覺皮膚被風撕扯。唯有時時刻刻想像自己身在山中，才能緩解對山上癮般的渴求。

登山這條路沒有盡頭，很純粹，卻又複雜，說變就變。

山之多變，存在山之影。山的影子會隨著太陽的移動創造出無數形象，這些影子構成了山多變的樣貌。有時削成懸崖，有時被壓成高地，像天上沒有一刻完全相同的雲朵。但當我們再次仰望，它又完好如初地待在那兒。

∿

寫書的過程很漫長。大學最後一年，趁著沒課或翹課的時間，我躲在宿舍裡靜靜敲著鍵盤。有時一天過去了，什麼都寫不出來；有時以為快要完成，卻發現似乎還缺點東西。拖延數個月，結果就是記憶混亂交織，需要重新梳理，還得克服倦怠感。

這是一次比登山更困難的磨練。透過寫作，好像又準備了一次馬特洪峰之旅。在這過程中，我也察覺了當時不成熟的抉擇；在寫下一個攀登方法時，我會先想「怎麼做會更好」，所以這也是一趟反省之路。

∿

這本書來到尾聲，我將真正告別那年的馬特洪峰了。

然而，冒險的旅程未曾結束。從出生那一刻起，人每天都在冒險，而登山是體會生命的一種方式，藉由貼近難以比擬的事物，好好感受這個世界的浩大。

至今我的人生有一半的時間都在外過活，雖然偶爾也會回家，但終究是異鄉人。也許往後我會繼續過著四處漂泊的日子，但我不害怕流浪。

詞人曾說「此心安處是吾鄉」，只要身邊有所愛的人，無論去多遙遠的地方都像回到故鄉。但這句話的背後，不正是因為自己曾深刻體會遠走他鄉的離愁，才能懂得放下。

我相信人不會習慣痛苦與哀愁，唯有當遠方有著值得寄託心意的事物，將這份情感轉化為繼續前行的動力，方能真正的心安。

山是心靈的一片靜地，登山使我心安。
我對山別無所求，能見到它就已足夠。

# 附　錄

「準備本身就是一種訓練。訓練的過程中，好的行前準備應該當作整體目標來追求，而不是只達成體能方面的要求。」

——威爾．加德 (Will Gadd)《登山聖經》(*Mountaineering*)

還記得小時候第一次上學時的感覺嗎？待在滿是陌生人的教室，無助感限制了所有動作。雖然漸漸長大了，做任何事之前往往還是毫無頭緒，某些想法在雛形階段就戛然而止。

我希望有所改變。剛浮現攀登馬特洪峰的想法時，即使根本不知道從何著手，我還是決定去攀登。

其實一開始我對雪地攀登一無所知，只是剛好在學校登山社的推薦之下，參加了二○一八年的臺大南湖雪地訓練，自此我才能靠著雪訓學到的知識在網路上四處蒐集資料，馬特洪峰的攀登計畫也才逐漸成形。

由於第一次雪訓已經是二○一八年的事了，技術上我算是從零開始。要準備的事情很多，每一項都得自己來。雖然總是告訴自己做得到，但自我懷疑從未間斷過，擔心把目標訂得太遠而無法完成。

後來我明白，正因為清楚知道攀登這座山有風險，能夠參考的對象也很少，感到膽怯其實是很正常的本能反應。

中國古兵書《百戰奇略》中的〈畏戰〉篇寫道：「凡與敵戰，軍中有畏怯者，鼓之不進，未聞金先退，須擇而殺之，以戒其眾。」意思是戰場上大敵當前，軍隊中表現畏懼而不敢殺入敵陣，或還未聽到收兵口令就先撤退的士兵，將帥必須將其斬殺，殺一儆百，方能提振士氣。

爬山也是類似的道理。即使目標有如天方夜譚，只要拿出決心，那些來自外界或內在的無謂猜疑就會煙消雲散。因為早已將目光放在遙遠的前方，就算背後有雜音也能置之度外。看似難以做到，但得益於網路的發達，隨著資料越找越多，初步了解一座山以後，擬出一套攀登作戰計畫，逐步完成，便能在心理上真正說服自己去接受困難的挑戰。

現在我仍十分感激當時帶我上山的前輩，如果我也能為後人留下記錄，將攀登馬特洪峰的過程和經驗傳承下去，也許能幫助更多和我有著相似夢想的人。

但前往山頂的路有無限可能，每個人適用的方法不盡相同，我在這裡提供的只是個人淺見。但有件事不會改變——任何跟山有關的活動都有一定的危險性，再輕鬆簡單的登山路線都有可能致人於死。做好準備再上山，才能最大幅度降低風險。

# 關於馬特洪峰

## 馬特洪峰有三個名字

馬特洪峰舉世聞名，一提到它，大多數人便會直接聯想到那座像極了金字塔的奇特山形。但少有人知道，這座山其實擁有三個不同的名字：

瑞士人稱其為**馬特洪峰 (Matterhorn)**，從德文直譯的意思是「草原上的山峰」。義大利人和法國人則分別稱這座山為**切爾維諾峰 (Cervino)**、**切爾文峰 (Cervin)**，源自於馴鹿的拉丁屬名 (Cervus)，意思是「馴鹿聚集之地」(place of Cervus)。

## 瑞、義兩國的「一公尺」較勁

馬特洪峰橫亙在瑞、義兩國之上，形成一道天然的國界。在瑞、義兩側各有一座山頭，相距只有一百公尺，高度相當，但義大利側的山頭硬生生比瑞士這一側少了一公尺 (4,476.4 m vs. 4,477.5 m)，隱隱然在兩國攀登者之間增添了一些較勁意味。

## 帶著真正「勝利」歸來的隊伍

一八六五年以前，馬特洪峰都以一座未登峰的姿態傲視群雄，來自世界各地的攀登者無不覬覦著首登的榮銜，其中最著名的兩位就是英國登山家懷伯爾，以及他的攀登夥伴兼競爭對手、義大利登山家卡雷爾 (Jean-Antoine Carrel)。

懷伯爾的故事在本書前面曾經提過，他帶領的隊伍在一八六五年成功登上馬特洪峰，並宣告阿登卑斯不再有「無法攀登的山」。此後，攀登者熱衷於開拓其他路線，在面與面之間探索各種可能，追求更困難、更快速成為一股新興的潮流。

在懷伯爾首登隊歸來的三天後，卡雷爾帶領他的隊伍從義大利側登頂，完成了難度更高的獅子稜線。相較於首登隊傷亡的慘劇，卡雷爾攀登隊安然無恙地回到山下，帶著真正的「勝利」歸來。

# 攀登難度分級 Grading

## 先來談談攀登風格

過去的登山大多帶有某種特定目的，例如採集蜂蜜、燕窩，或是源自宗教崇拜。直到十八世紀，白朗峰的山腳下才出現為了登山而登山的傳統，並逐漸發展成風靡全球的登山文化，也就是「阿爾卑斯式攀登風格」(alpine style)。

「阿式攀登」的登山者將自行背負所有的裝備、糧食，不事先架設任何固定繩，不使用氧氣瓶，也沒有聲勢浩大的攀登隊與搬運工，完全憑靠自己的能力去攀登一座高山。

與曠日費時的另一種「喜馬拉雅式攀登風格」(expedition style) 完全相反，「阿式攀登」追求**快速（輕量化）、自主，以及公平**（作者註：幾乎不透過他人的協助〔架設直達山頂的固定繩〕完成攀登，便是一種公平的展現），是一種極具挑戰性的攀登風格。

不過，任何攀登風格都有存在的意義，沒有絕對的對與錯。

## 難度分級不容易有共同標準

因為每個山區都有各自的特性，訂定一套共同的攀登難度分級並不容易。

再說，一套分級系統只能片面描述一條路線，但是高山的環境不僅有岩石，還可能有冰或雪，多種條件混合之下更需要不同系統來支持。

對於「難度」的定義，到了不同的領域又可以再細分，例如自由攀登和人工攀登就是兩種截然不同的領域，冰攀和攀岩也是如此。

既然攀登的型態如此之多、路線的複雜度更非三言兩語就能說完，那麼去理解不同難度分級系統也是必要之事。明白了共同的語言，也有助於攀登者去掌握一條路線的狀況。以下將分別介紹技術攀登時常使用的難度分級系統。

常見於多繩距 (pitches) 的高山技術攀登路線（繩距是指兩個確保站的距離，決定了一次完整攀登的長度）。常使用在阿爾卑斯山、加拿大洛磯山脈等區域。

此系統作為一種綜合的參考指標，是根據路線的難度、坡度、岩質、風險、信心等級、撤退困難度，以及路線總長等因素來判斷攀登的困難程度，以法文中用來形容難度的各式單字縮寫來劃分等級，並利用加號 (+)、減號 (−) 來標示些微差異，讓攀登者事先知道需要具備哪些攀登能力。

法國系統難度分級表

| F<br>facile<br>[ easy ] | **簡　單**<br>平均坡度在四十度左右，大多數時間都在平緩的地形間移動。簡單的攀岩以及冰河健行。只要提高警覺，路線上的潛在風險都能預防<br>▲路線代表：羅西亞諾拉峰 (Roccia Nera) |
| --- | --- |
| PD<br>peu difficile<br>[ a little dlffIcuIt ] | **有點困難**<br>平均坡度約四十五度，須有基礎攀登能力。在沿途的冰河上行走可能遭遇裂隙，整體地形會變得更複雜，路線長度也會更遠。有可能使用到垂降、確保等繩索技巧。路線上的潛在危險將提升<br>▲路線代表：波魯克斯峰 (Pollux normal route)、白朗峰三山路線 (Trois Monts route) |
| AD<br>assez difficile<br>[ fairly dlffficult ] | **相當困難**<br>平均坡度超過五十度，此難度的路線通常會出現陡峭且致命的地形，攀登須進行確保，但經驗豐富者可採用同時攀登 (simul-climbing) 來加快移動速度。路線書上的估時與實際情況可能相差甚遠，取決於攀登風格、季節與攀登經驗<br>▲路線代表：馬特洪峰霍恩利稜線 (Hörnligrat)、獅子稜線 (Liongrat) |

| | |
|---|---|
| **D**<br>difficile<br>[ difficult ] | **困　難**<br>坡度約在五十至七十度，時常出現連續性的困難地形，使用冰攀、攀岩與冰岩混合之技巧是常態，沿途也可能需要運用初階 (A0) 的人工攀登 (aid climbing) 技巧，也就是偶爾需要放置岩械並借力攀爬。標註此難度的路線無論是攀登還是撤退都具有高風險<br>▲路線代表：馬特洪峰茲穆特稜線 (Zmuttgrat) |
| **TD**<br>très difficile<br>[ very difficult ] | **非常困難**<br>坡度約在五十至七十度，路線上將會有複雜的冰岩混合地形、連續難關，也隨時需要換上攀岩鞋。人工攀登的難度則來到 A1 ，繩梯或腳繩將經常被使用於通過某些困難地形，但是放置的岩械鮮少會脫出<br>▲路線代表：馬特洪峰北壁 (Matterhorn NF, Schmid route) |
| **ED1-3**<br>extremement difficile<br>[ extremely difficult ] | **極度困難。難度還可以再細分為 ED1 到 ED3**<br>阿爾卑斯最困難的路線會被分到這個等級，有著極度嚴苛的環境與地形，無論是冰攀或攀岩都會運用到高階技巧，攀登者除了要有優秀的身體素質之外，還須克服極高的心理壓力。且歸類在此級數的路線非常受到天氣因素的影響，積雪厚度、溫度、日照都可能改變攀登的困難度<br>▲路線代表：大喬拉斯峰北壁 (Granded Jorasses NF, Walker spur) |
| **ABO**<br>abominablement difficile<br>[ abominably difficult ] | **異常困難**<br>此為難度分級的化外之地，只有少數阿爾卑斯攀登者能完成這個等級的路線<br>▲路線代表：南針峰南壁 (Aiguille du Midi SF, Ma Dalton) |

## 信心等級　Commitment Grade

此系統是由「美國高山俱樂部」(The American Alpine Club) 發表，又被稱為「國際攀登難度分級系統」(National Climbing Classification System, NCCS)，用羅馬數字 I 到 VII 來劃分等級，大致會依據以下因素來評比：

### 1. 持續攀登的時長
正式進行攀登的時間長度。

### 2. 路線的長度
通常不包含接近與下降。

### 3. 技術困難度
通常需要參考 Y.D.S. 分級（後面會介紹此分級）。

### 4. 繩距總數
繩距的數量會影響攀登時間，繩距越長通常也伴隨越高的風險，例如落石可能會切斷繩索、轉折磨繩等狀況，皆會對攀登安全造成不良的影響。

### 5. 危險性
岩質破碎程度、雪崩威脅範圍。

### 6. 登頂頻率
越多人攀登的路線品質越穩定，變動因素也相對更少。

### 7. 海拔高度
高海拔環境氧分壓的下降會影響攀登者的運動表現，高度適應不良者也可能引發高山症。

### 8. 沿途的暴露感
簡而言之，就是路線的恐怖程度。視覺可能會放大難度，造成攀登者的心理壓力，進而影響攀登者的表現。

### 9. 確保難易程度
路線上是否有足夠的空間進行確保，以及放置保護點的難易度。

此系統的應用領域甚廣，包括「高山技術攀登」(mountaineering) 與「大牆攀登」(big wall climbing)，但比較不會提到單一繩距的短路線（小於最低等級 I、II）。攀登者可依據信心等級估計需要多少時間，並決定帶上多少裝備與糧食。

信心等級表

| | |
|---|---|
| Ⅰ、Ⅱ | 攀爬時間比半天更少 |
| Ⅱ | 攀爬時間只要半天 |
| Ⅲ | 需要將近一整天的結繩攀登 |
| Ⅳ | 全天的技術攀登，Y.D.S. 難度至少在 5.7 以上 |
| Ⅴ | 過夜路線，但速度快的攀登者仍然可以在一天內完成 |
| Ⅵ | 需要兩天以上進行困難的攀登 |
| Ⅶ | 路線位在非常遙遠的岩壁上，通常以阿爾卑斯式攀登風格進行攀登 |

## 優勝美地十進位難度分級系統 Yosemite Decimal System, Y.D.S.

此系統常見於世界各地的攀岩路線書上，尤其是在美國。針對攀爬技巧與攀爬難度做了精準的區分，並且只討論攀岩技術上的難度。大致上可分成五級：

### Class 1
簡單的行走。發生危險的機率微乎其微。

### Class 2
運用單純的技巧來行走，偶爾會使用到手來平衡。可能面臨潛在的危險，但可以輕易排除。

### Class 3
可能需要使用繩索來確保安全。暴露感增加，萬一墜落可能會致命。

### Class 4
簡單的攀岩。繩索最好搭配岩械等保護點來使用。墜落將造成重傷，且非常有可能致死。

### Class 5
完全依賴自己的身體進行攀登。除使用岩面上的天然特徵借力施展動作之外，攀登

者不倚靠任何外力的輔助，此稱為「自由攀登」(free climbing)。攀登者可以使用動力繩、岩械、快扣等安全裝備，在墜落時確保自身安全。

若沒有繫上繩索、沒有確保，獨自進行攀登則稱作「徒手獨攀」(free solo)，是風險最高的攀登型態，墜落即死亡。

Class 5 又可細分成數級，標示方法為 5 後面加上一個數字，中間以小數點連接，例如 5.1、5.2⋯⋯5.9。而從 5.10 的難度開始，這組數字後面可以再用英文字母小寫標註難度的些微差異，例如 5.10a、

5.10b、5.10c、5.10d、5.11a。

截至二〇二〇年為止，目前人類能夠自由攀登的最高難度等級為 5.15d，全世界共有兩條路線符合此等級，第一條是二〇一七年由捷克攀岩家昂德拉 (Adam Ondra) 首攀的挪威 Silence 路線，第二條則是在二〇二〇年才被德國攀岩家梅戈斯 (Alex Megos) 成功攀登的法國 Bibliographie 路線。

**Class 6**
無法自由攀登，需要透過人工攀登才能完成之攀岩路線。

# 馬特洪峰知名路線

## 霍恩利稜線 Hörnligrat

路線圖

**別名**：東北稜 (NE ridge)、瑞士路線 (Swiss route)

**難度**：AD–

**攀登類型**：技術攀登、冰岩混合

**預估時間**：約十小時

**沿途山屋**：霍恩利山屋 （Hörnli hut，三二六〇公尺）、索爾維山屋 （Solvay hut，四〇〇三公尺）

**路線攀升**：一千兩百公尺

一八六五年首攀隊登頂的這條路線，如今成為馬特洪峰最具代表性的路線，沿途不難看見繩索、錨栓、岩釘之類的安全設施，不像當年那麼難攀登，每年夏天吸引許多人前來挑戰，時常可以在天未亮的清晨，從遠處看見頭燈在上頭連成一線，十分壯觀。

這條路線的走法是，先搭乘纜車抵達黑湖 (Schwarzsee) 後，沿著步道走兩小時左右抵達霍恩利山屋，在此度過一晚。

接下來的路線大致可分為：下部 (lower section)→莫斯利斜板 (Moseley slab)→索爾維山屋→莫斯利斜板上半部→肩部 (shoulder)→上部雪坡 (upper slop)→山頂。

前半部直到莫斯利斜板的攀登地形相對平緩，但需要時刻注意上方落石，盡量在天全亮以前通過這段路。

到了索爾維山屋後，海拔來到四千公尺，往後的路段難度會更高，大部分的隊伍會在此處放慢腳步，上方攀登者也會不斷踢落石、落雪下來，排隊等待時需要特別小心。 由於地形變得更為陡峭， 也建議開繩，彼此以簡單繞岩角確保的方式攀登。

約兩小時後會抵達上部雪坡。雖然越接近山頂的暴露感會越大，但地形卻也相對平緩，走好每一步便可以迅速登頂。在此可以看到象徵山頂的兩個十字架，相距一百公尺各自座落於小山頭上。

攀登者需要掌握在山頂逗留的時間，在雲霧開始向上蒸騰以前離開。建議在回到索爾維山屋前都以垂降方式下降，此時身上若有輔助繩也能加快垂降速度。通過山屋後可收起繩子，改為下攀回程，如此一來能避免在莫斯利斜板卡繩，或垂錯地方。

路線攀升約一千兩百公尺，沿途除了幾段暴露感極大的瘦岩稜和岩面攀登之外，所需的攀登技巧較為單純，最大的難關約在Y.D.S. 的 5.8 左右。

攀登者也應該具有基本的混合攀登經驗，並能承受高海拔環境帶來的壓力，在正式開始攀登之前做好高度適應，以避免發生高山症。

我這次攀登的就是霍恩利稜線。若想知道更詳細的資訊，可翻回前面的〈馬特洪峰攀登記〉，從我的攀登記錄中查找。

霍恩利山屋住宿資訊

住宿費一晚約一百五十瑞士法朗（約臺幣四千五百元），費用包含當天晚餐和隔天早餐。入住需提前電話預約。山屋的服務人員會詢問是要去健行還是攀登馬特洪峰，用以統計隔日需要準備多少份早餐給馬特洪峰的攀登者。山屋規定所有房客都必須攜帶個人的睡袋內襯，避免山屋的被單被弄髒，其他人使用時也更衛生。

☎ +41-27-967-22-64

🌐 www.hoernlihuette.ch

# 獅子稜線 Liongrat

路線圖

**別名**：西南稜 (SW ridge)、義大利路線

**難度**：AD+

**攀登類型**：技術攀登、冰岩混合

**預估時間**：約兩天

**沿途山屋**：阿布魯齊山屋（Abruzzi hut，二八〇二公尺）、卡雷爾山屋（Carrel hut，三八二九公尺）

**路線攀升**：一千六百公尺

---

獅子稜線是非常經典的攀登路線，位在馬特洪峰的西南稜，由義大利登山家卡雷爾 (Jean-Antoine Carrel) 於一八六五年完成攀登，與首登的時間僅差三天。

這條路線的接近路線相當漫長（接近路線即最近交通點至路線起點之間），更要求體能與攀登能力，整體而言會比從霍恩利稜線攀登更困難一些，須謹慎規劃。

路線大致為：布勒伊切爾維尼亞 (Breuil-Cervinia)→阿布魯齊山屋（這一段為接近路線）→獅子鞍部 (Colle del Leone)→卡雷爾山屋→廷德爾峰 (Pic Tyndall)→登頂。

路線起點是義大利北邊的小鎮布勒伊切爾維尼亞，沿著十三號登山步道步行約兩小時會到達阿布魯齊山屋。

若想省掉這段路程，可以聯絡山屋預約吉普車接送服務，價格落在二十至五十歐元之間（約臺幣六百八十元至一千七百元）。也可以選擇搭乘滑雪纜車先到「計畫之家」(Plan Maison)，再橫切到阿布魯齊山屋，可省下約五百公尺的攀升。

接著從阿布魯齊山屋順著難度不高的岩階向北攀爬，途經坡度平緩的地形與雪坡，約兩小時之後會抵達西南稜線下的獅子鞍部。

路線的第二部分是從鞍部開始沿著西南稜攀登到卡雷爾山屋，約一個半小時。

剛爬上鞍部會有一道雪坡，穿越後爬上布滿碎石的岩階，沿路都有鐵鍊和固定繩，路徑相當明顯。續行會遭遇一面陡峭的高

牆，利用固定繩爬上後將抵達位於三八三〇公尺的卡雷爾山屋，在此度過一晚。

隔天早晨摸黑出發，穿過山屋後方的碎石坡平臺來到岩壁下方，利用右側的一條固定繩攀爬大岩塔 (grande tour)，抵達上岩階後向右繞過岩塔，續行來到一段三十公尺覆蓋白雪的橫渡，並通往約二十五公尺高的煙囪地形，拉著固定繩爬上去後，從岩溝爬上大岩塔後方的稜線，朝後方看去會有一連串貌似雞冠的小岩塔，同樣從右方岩階繞過它們並繼續維持在右側，沿著明顯路跡持續攀登到廷德爾峰。這一段路程約三小時。

離開廷德爾峰後往下走到與馬特洪峰之間的鞍部 (col félicité)，從這裡開始會遇到著名的「喬登繩梯」(Jordan stairway)，接著就是一連串的固定繩。爬上稜線不久，走過簡單的冰岩混合地形，即可到達馬特洪峰義大利側的山頂，看見那座標誌性的十字架。這一段路程約兩個半小時。

回程下降的路線一般情況是選擇原路折返，最後回到義大利村莊。若有餘力或想要提升路線的豐富度，不妨選擇繼續從瑞士側的霍恩利稜線下降，完成所謂的「獅子一霍恩利縱走」(Lion-Hörnli traverse)。

---

卡雷爾山屋住宿資訊

二〇一九年開始需要提前預約。全年開放，住宿費十五歐元，投到門口的木箱即可。若打算在旺季前往，要有心理準備可能會客滿。總共五十個床位，有提供保暖的毯子和地墊，但沒有飲用水。

☎ +39-01-669-481-69
✉ 預約信箱 info@guidedelcervino.com

## 🏠 關於避難山屋

避難山屋是阿爾卑斯山區的重要資源，提供登山客一個溫暖且受到保護的空間，不用擔心雪崩，遇到再惡劣的天氣都能安穩入睡。避難山屋通常座落在峭壁上，讓登山客休息時也能享受一流的風景。但這類型的山屋因為太過偏遠，只有少數登山客使用。內部只會有簡單的生活設施，有些甚至連廁所都沒有，也不像一般的山屋會提供早晚餐。山屋的建造與維護都是由當地的登山俱樂部負責。繳費是由使用者自行將錢投到門口的木箱，大約是臺幣三百元至五百元，比起一般有員工的山屋算是十分划算。為了山屋長期的維護，千萬不要貪小便宜而省下這筆錢。

## 茲穆特稜線 Zmuttgrat

**別名**：西北稜 (NW ridge)

**難度**：D

**攀登類型**：技術攀登、冰岩混合、攀岩

**預估時間**：約兩至三天

**沿途山屋**：夏貝爾山屋（Schönbiel hut，二六九四公尺）、霍恩利山屋

**路線攀升**：一千三百公尺

路線圖

茲穆特稜線又被稱作「馬特洪峰最棒的路線」，一八七九年被二十三歲的英國登山家艾爾佛雷德・馬默里 (Alfred Mummery) 成功攀登，是條極具挑戰性的路線。若想避開夏季霍恩利稜線上的擁擠人潮，也有足夠的攀登經驗，茲穆特稜線會是很不錯的選擇。

此路線靠近馬特洪峰北壁，面朝西北側，平時很少陽光照射；即使在夏天，也經常被冰雪覆蓋，因此攀登時難時易，天氣的影響很大。

也離馬特洪峰山腳下的所有村莊皆很遠，不易接近，只有兩種前往方式。

第一種方式是從霍恩利山屋出發，順著稜線右側的第一道雪溝，下降至馬特洪峰冰川 (Matterhorn glacier)，沿著路跡或抓方向上至第二層冰川。趁著太陽尚未升起，冰雪還很堅硬時穿越北壁的下方，並持續接近稜線的邊緣。

看到茲穆特稜線上的三六二七公尺小山頭後，此時如果雪況良好，可以沿著雪坡右邊上切西北稜，反之則向前續行到冰川的右側，沿著裸露的岩稜攀爬上稜線，整段接近路線大約花二至三小時。

第二種方式則是以夏貝爾山屋為出發點，下切茲穆特冰川消融後的冰磧平原，再順著岩溝上切茲穆特稜線，一般估時約五小時。

無論用哪種方式前往，路線的起點都是從接上西北稜以後開始。上到稜線後，沿著

稜線朝山頂前進，攀升到三八九五峰處後不久，會遇到一連串被稱作「茲穆特之牙」(Zmutt teeth) 的鋸齒狀連峰。

在這裡可以選擇直接翻越，雖然偶爾需要進行一些垂降，但能省去一段腰繞的時間；或是從左右側質地破碎的岩溝間繞過它們。

繞過連峰，從末端的缺口處向右離開，跟著雪坡／岩稜（依照當時雪況）繼續前進，稜線會變成一片無跡可尋的斜板。從這裡開始，路線將會變得十分難找。

跟著灰白色的岩板攀登到四一五八峰處，一路上可能會看見許多岩釘。沿著稜線繼續攀登，暴露感會很大，但岩質尚可。攀上細瘦的山脊來到肩部，景致非常壯觀。

抵達肩部後，朝右方上切，一路上的岩質又會變得非常破碎。爬升約一百公尺後會遇到一道寬一點八公尺的連續岩階，此處即是過去卡雷爾攀登獅子稜線時在西壁上橫渡的「卡雷爾走廊」(Carrel gallery)。

過去的記錄指出，若是直接橫渡，有可能遭遇極度脆弱的岩質，無法直接攀登。更好的方式是朝著岩板的左側，斜切到帶有棕紅色紋路的岩溝，並沿著岩溝向上回到稜線，這時攀登者的位置大約在「茲穆特鼻」(Zmuttnase) 的上方。

繼續沿著稜線攀登，會在路線左側看到一座岩塔，山頂就在岩塔後方不遠處。簡單步行通過覆蓋冰雪的岩石地形後，就會抵達義大利端山頂。

整條路線從出發到抵達山頂將花費七至十小時。

由於地形陡峭，且茲穆特稜線的岩質非常破碎，使得撤退不易，因此下降路線建議選擇相對安全、固定點密集的霍恩利稜線，沿路垂降回到策馬特。

---

注意事項

茲穆特稜線非常漫長，光是登頂就需要大約十小時，沿路也時常覆蓋著厚雪，隨時有雪崩的可能，整體上極具挑戰性。要安全地攀爬，除了仰賴個人技術，天氣與地形的條件也有很大的影響。再者，由於路線上並沒有任何輔助用的繩索或梯子，所有的安全裝備都要自

行攜帶。至於內在條件，個人攀岩能力要 5.8 以上，最好能穿著登山鞋和冰爪攀登。

夏貝爾山屋的接近路線現今已經少有人使用，路跡不清晰，強行上切可能會遇到大量的落石，且沿路還有諸多不確定因素，即使手邊有嚮導書也很難和實際情形對上。而從霍恩利山屋前往茲穆特稜線的路程相較之下更短，路跡也十分明顯，顯然是更好的選擇。此外，由於馬特洪峰的西面非常破碎，攀登者也應盡量避免在沒有雪的狀況下挑戰此路線。

整體來說，茲穆特稜線是一條不可輕視的路線，無論如何都要謹慎面對，務必做足準備。但相對地，完成這條路線的滿足感會遠超出前面兩條路線。

# 富爾根稜線　Furggengrat

**別名**：東南稜 (SE ridge)

**難度**：D+

**攀登類型**：技術攀登、冰岩混合

**預估時間**：約十小時

**沿途山屋**：比瓦科博西山屋（Bivacco Bossi hut，三三四五公尺）

路線圖

首攀於一九一一年，由義大利登山家馬里奧・皮亞琴察 (Mario Piacenza)、J・J・卡雷爾 (Jean-Joseph Carrel) 與約瑟夫・加斯帕德 (Joseph Gaspard) 成功攀登，是四條稜線中最困難的一條。這條路線適合在寒冷的冬季攀登。唯有等到雪況穩定時，才能避免頻繁的落石。

## 注意事項

攀登者要有心理準備，在這裡攀登是風險極高的。路線上並沒有任何的固定繩與人造的安全設施，大部分的岩石與冰雪也時常處於不穩定的狀況。攀登之前，必須要確認自己有足夠的經驗。若有任何問題，可前往登山者中心詢問。就我所知，網路上有不少提供私人服務的嚮導，若想要攀登這條路線，尋求嚮導的協助也許會是更好的選擇。

## 斯麥特路線 Schmid route

路線圖

**別名**：北壁 (North Face)

**難度**：TD+/ED1

**攀登類型**：技術攀登、冰岩混合、冰攀

**預估時間**：約十小時

**沿途山屋**：霍恩利山屋

**路線攀升**：一二八〇公尺

為了紀念一九三一年被斯麥特兄弟 (Franz and Toni Schmid) 成功攀登，而以兩兄弟的姓氏作為路線名稱。

馬特洪峰北壁以極度險惡的地形與氣候著稱。 二〇〇二年，臺大登山社的賴明佑、曾慶宗組隊前往瑞士，經過了三十四小時的奮鬥登上山頂，成為第一支成功攀登這條路線的臺灣隊伍。

顧名思義，北壁路線位在馬特洪峰北方的山壁上，平均坡度為七十度，且由於北半球的日照不會照到山的北面，使得這裡長年冰雪覆蓋，雪面都是堅硬的硬冰。攀登者需要有相應的冰攀能力，且知道如何使用冰螺栓 (ice screw)，熟悉整條路線後再來嘗試攀登。

# 貨幣及語言

貨幣方面， 在歐洲旅遊較常使用的是歐元，但在瑞士則使用瑞士法朗 (CHF)，對臺幣的匯率約是 1:31，對歐元的匯率約是 1:0.9。

建議先在臺灣換好歐元以後，再於瑞士當地的銀行兌換夠用的瑞朗，但能刷卡就盡量刷卡，避免換太多現金花不完，導致最後不得不以更差的匯率換回臺幣。在法國則使用歐元，問題不大。

語言方面，兩國都有大量的外國人口，多數時候使用英文都能和對方溝通，但在法國使用英文溝通的難度可能會高一些，尤其是面對老一輩的居民。因此啟程前學幾個常用的法文單字會十分有幫助。

| | 瑞　士 | 法　國 |
|---|---|---|
| 貨　幣 | 瑞士法朗 (CHF) | 歐元 (€) |
| 語　言 | 德文、法文、義大利文 | 法文 |

# 總預算

| 項　目 | | 價格（臺幣） |
|---|---|---|
| 機　票 | 馬印航空、泰國航空 | 20,000 |
| 交　通 | 火車、客運、纜車 | 15,000 |
| 三餐（30 日） | 300（每日預算） | 9,000 |
| 住宿（30 日） | 1,000（每日預算） | 30,000 |
| 保　險 | 申根國旅行綜合險、直升機救援險 | 3,500 |
| 零　用 | 裝備購買、租借 | 20,000 |
| | | 總預算 = 97,500 |

全球資料庫網站 NUMBEO 的數據顯示，在策馬特一般的餐廳吃頓飯，約要臺幣七百五十元，瑞士的雜貨價格  也比臺灣高上近六成，一般的住宿、交通更不必多說。如此的物價差異讓我必須謹慎考慮要在瑞士待多久，也迫使我思考如何安排住宿與三餐。

但其實對一個獨旅的人來說，只要吃得飽、有棲身之所就夠了。

三餐的預算我抓每日三百元臺幣，這在臺灣可以吃得不錯，更省一點也許能存下不少錢。但在策馬特的餐廳，三百元臺幣連一餐都買不到。

但有變通的方法。我的構想是把預算用來
買好幾天份的義大利麵條、醬料、罐頭，
平均下來每天三百元臺幣應該很足夠了。

但這樣也超支怎麼辦？我的應對策略很簡
單——因為我的行李少，正好可以把多餘
的空間全部拿來裝泡麵。我買了各種口味
的加大版，整整一個月的量。省下來的錢
能讓我偶爾也上餐廳吃頓特色料理。

在後面的篇章，除了說明基本的糧食分配
之外，也會分享我是如何準備山上及山下
的飲食。

# 交通篇

## 去回程機票

機票無疑是出國最大的開銷,通常也是最大的阻礙。預算有限,省錢勢必要從機票開始。網路上能找到各種省錢技巧,比如關注旅行社的促銷優惠、利用飛行里程數等方式,但我並不是要教大家省下大半開支的方法,畢竟便宜的機票大家搶著要,可遇不可求。以我預算有限的情況來說,最重要的就是「用時間換取金錢」。

首先,最簡單的就是「**提前訂購機票**」,價格通常會比快要出發前才訂還便宜。再者,採用「**不同點進出,將機票拆開來買**」的方式安排行程,把時間花在轉機與等待上也能省下不少錢,但代價就是流程複雜。接下來說明注意事項:

### 1. 將機票拆開來買

一趟長途航程的機票裡可能包含多段不同的航班,我們買下機票時,何時登機、轉機、抵達都已經由航空公司決定好了,

在報到櫃檯也會一次拿到所有登機證,這是一般最常見的方式。但假如我們把一張機票拆成好幾張來買,便能夠自由決定這些變動的因素,自由選擇要轉機幾次,登機時間也更有彈性,還能選擇廉價航空完成短程航線,藉此降低出國的開支。

### 2. 挑對日期與時段

就跟訂旅館一樣,只要避開放假與收假前的人潮,票價就會便宜許多。清晨和午夜的紅眼班機也有不錯的價格。

### 3. 考慮機場規模

只要機場的航班越多、規模越大,機票的成本就能夠壓低。例如,香港、吉隆坡和曼谷等地的機場,規模與航班量遠高於桃園機場,航程不到五小時,先買一張廉價航機票去這些地方轉機,再透過組合不同機票,便能有效降低成本。

用以上方式買的機票，必須在抵達轉機點後入境領行李，並去報到櫃檯拿第二張登機證，重新掛一次行李，最後過海關出境。因為這些過境機場規模都很大，為了完成上述步驟，一不小心就會讓轉機時間不夠用。我第一次出國到上海轉機時，就不巧遇到放假人潮，轉機時間太緊湊，差點就沒搭上下一班飛機，餘悸猶存。

購買一般機票的好處就是省去這些繁瑣的步驟，只要按照航空公司安排的時間轉機就好，更不用擔心出入境的簽證問題。

綜合而言，我認為上述方法並非適合所有人，而且只計算能省下多少錢不僅太過片面，也有錯過下一班飛機的風險。

### 機票一覽表（2019 年）

| 日　期 | 航班資訊 | 航空公司 | 行李重量（公斤） | 價　格（臺幣） |
|---|---|---|---|---|
| 7/8 | 桃園 13:10→吉隆坡 18:00 | 馬印航空 | 20 + 7 | 6,683 |
| 7/8 | 吉隆坡 20:55→曼谷 22:05 | 泰國航空 | 20 + 7 | 8,856 |
| 7/9 | 曼谷 00:40→米蘭 07:35 | | | |
| 8/6 | 日內瓦 06:30→雷克雅維克 08:35 | EasyJet | 30 × 2 + 10 | 9,595 |
| 9/2 | 雷克雅維克 11:45→奧斯陸 16:25 | 北歐航空 | 30 + 7 | 13,713 |
| 9/3 | 奧斯陸 08:50→杜哈 16:20 | 卡達航空 | | |
| 9/4 | 杜哈 07:30→吉隆坡 08:25 | 卡達航空 | | |
| 9/5 | 吉隆坡 07:20→桃園 12:15 | 馬印航空 | 20 + 7 | 0 |
| | | | 總和 = 38,847 | |

## 歐洲交通

在歐洲旅行的一大好處是交通方式有很多選擇。底下將會介紹飛機、火車、纜車等不同交通方式與注意事項。

### 飛機

搭機往返於歐洲國家，不只快速，廉價航空的選項也很多，偶爾還能撿到便宜。然而，如果旅行的目的包含登山，那麼搭機旅行可能較不實際。

首先，當登山的行程稍有延宕，或不幸發生了山難，所有訂好的機票、車票、旅館都會受到影響。再來，搭機需要提前去機場報到，行李有重量限制，也必須配合諸多機場的嚴格規定。

整體來說，除非是長距離或跨海的行程，否則我會建議大部分想要登山的旅人考慮火車、巴士作為主要交通工具。

購票資訊

### 火車

機場大多位於郊區，接駁時間長。而歐洲的鐵路網密布，在各個小城鎮幾乎都有車站，下了車就是市中心。

在票券的更改與退款上，火車也占了優勢，而且常有青年優惠票。因此，計畫一趟自助旅行，從當地的火車路線系統開始研究，將會對旅程十分有幫助，甚至能省下一大筆錢。

購票資訊

---

半價旅行卡 Half Fare Travelcard

青年半價旅行卡 Half Fare Travelcard Youth

「半價旅行卡」 由瑞士聯邦鐵路 (SBB) 發售，效期一年，幾乎所有大眾運輸工具，包含纜車、火車、公車、電車、輪船皆能使用，交通票享有半價優惠。由於半價卡不是真正的車票，所以還是要先到車站購買，並在櫃檯出示半價卡給售票員。購買的方式除了臨櫃辦理，也可以上官網購買，價格為一百八十五瑞朗。也有專門提供給十六至二十五歲青年的「青年半價旅行卡」，價格降至一百二十瑞朗。兩種卡續約一年的價格為原本金額再減二十瑞朗。建議搭乘瑞士境內的交通工具之前，先查詢是否可以使用半價卡打折。

---

## 纜車

登山纜車是在阿爾卑斯山區最常使用的交通工具，大大縮減了登山客進入高山所需的時間。對一般旅客來說，搭乘纜車還能觀賞壯觀的冰川，體會一覽無遺的暢快。雖然票價不菲，但纜車的優點確實吸引了不少人，包括我在內。

這趟旅途中，我在策馬特和夏慕尼都曾搭乘纜車，無論是前往馬特洪峰，還是到南針峰進行訓練，纜車都扮演非常重要的角色。以下簡單介紹兩地纜車的相關資訊，並分享幾種省錢的方式。

### 策馬特

策馬特的登山纜車／列車系統，讓登山者可以更快前往馬特洪峰冰河天堂 (Matterhorn Glacier Paradise)、五湖步道 (Sunnegga)，以及戈爾內格拉特 (Gornergrat)。

購票資訊

這些區域除了是登山客進入冰河領域進行攀登活動的入口之外，更是適合一般觀光客走訪的熱門景點。以戈爾內格拉特為例，除了能就近觀賞瑞士第一高峰羅莎峰，從車站出發也可以沿著簡單的步道健行，一路走到利菲爾湖 (Riffelsee)。無風時的利菲爾湖能映出馬特洪峰的倒影，是阿爾卑斯著名的絕景之一。

策馬特的登山纜車幾乎一年四季都有營運，只有少數時間必須進行整修。雖然使用上非常便利，但相對其他交通工具而言卻也十分昂貴。若想省下開銷，就要在出發前做好規劃。

單程或來回纜車票的票價包含當地的巴士票、單車與滑雪板運送、寵物犬共乘、語音導覽設備（在車站領取）等服務。單程票的效期是兩天，來回票則是十天。

要注意的是，網路購票無法使用半價旅行卡，只有現場購票才享有五折優惠。在票券使用日前五天在網站購票，可享有百分之五的早鳥優惠。另外，夏天旺季票價會比冬季票價貴近三成。

除了單程或來回纜車票，還有 Ski/Sport Pass 多日券可以選擇，需要更多日數可以一次性地補票延長，也有販售月票。另外還能購買不連續的多日券，例如：七天內任選五天、十天內任選八天等，讓行程安排更有彈性。

策馬特登山纜車票種票價表

| 票　種 | 適用年齡 | 票價計算方式 |
|---|---|---|
| 成人票 | 十六歲以上 | 原　價 |
| 兒童票 | 九歲到十五歲 | 五　折 |
| 半價旅行卡優惠票 | 持有半價旅行卡之乘客 | 五　折 |
| 無須購票 | 未滿九歲之幼兒 | 免　費 |

Ski/Sport Pass 多日券價格表（價格為瑞朗）

| 日　數 | 1 | 2 | 3 | 4 | 5 |
|---|---|---|---|---|---|
| 成　人 | 88 | 130 | 188 | 246 | 296 |
| 青　年 | 75 | 111 | 160 | 209 | 252 |
| 兒　童 | 44 | 65 | 94 | 123 | 148 |
| 日　數 | 6 | 7 | 8 | 9 | 10 |
| 成　人 | 344 | 390 | 435 | 473 | 510 |
| 青　年 | 292 | 332 | 370 | 402 | 434 |
| 兒　童 | 172 | 195 | 218 | 237 | 255 |

註：成人為 20 歲以上，青年為 16-19 歲，兒童為 9-15 歲。

## 夏慕尼

作為阿爾卑斯的登山要鎮，夏慕尼的纜車路網分布非常廣，但根據使用頻率，以下只討論南針峰區域。海拔不高的山區步行前往即可，這邊就不贅述。

購票資訊

南針峰纜車站建於一九五五年，僅需二十分鐘，就能從人聲鼎沸的城鎮進入冰雪覆蓋的高山。「夏慕尼 ⇄ 南針峰」至今仍是世界上垂直攀升高度最長的纜車路線。登山者往往將這一站作為攀登的起點，放射狀地到冰河上攀登各式各樣的路線。

車程共有兩段。首先會從海拔一〇三五公尺的夏慕尼村莊出發，在南針峰平臺換搭第二段纜車直接爬升到海拔三八四二公尺的南針峰纜車站。

五歲以下幼兒無須購票。團體票按照人數計算費率，超過二十人方可購買。除了單程或來回纜車票，還有 Mont-Blanc MultiPass 多日券可供選擇。十天以上的多日券可在櫃檯購買，需附上一張個人大頭照供識別用。也有不連續的多日券可以購買。

夏慕尼纜車票種票價表（價格為歐元）

| 票　　種 | 路　　線 | 單程票 | 來回票 |
|---|---|---|---|
| 成人票 | 夏慕尼 ⇄ 南針峰 | 51.00 | 67.00 |
| 成人票 | 夏慕尼 ⇄ 南針峰平臺 | 18.50 | 35.00 |
| 成人票 | 南針峰平臺 ⇄ 南針峰 | 32.50 | 32.00 |
| 老人及兒童票 | 夏慕尼 ⇄ 南針峰 | 43.40 | 57.00 |
| 老人及兒童票 | 夏慕尼 ⇄ 南針峰平臺 | 15.70 | 29.80 |
| 老人及兒童票 | 南針峰平臺 ⇄ 南針峰 | 27.70 | 27.20 |

註：成人為 15-64 歲，兒童為 5-14 歲，老人為 65 歲以上。此為夏季費率，冬季費率會略降。

Mont-Blanc MultiPass 多日券價格表（價格為歐元）

| 日　數 | 1 | 2 | 3 | 4 | 5 |
|---|---|---|---|---|---|
| 成　人 | 68 | 83 | 95 | 107 | 119 |
| 青少年 | 57.8 | 70.6 | 80.8 | 91 | 101.2 |
| 日　數 | 6 | 7 | 8 | 9 | 10 |
| 成　人 | 131 | 143 | 155 | 167 | 179 |
| 青少年 | 111.4 | 121.6 | 131.8 | 142 | 152.2 |

註：成人為 15-64 歲，青少年為 5-14 歲。

## 案例

### Part 1：桃園到策馬特

飛機：桃園→吉隆坡→曼谷→米蘭瑪律彭薩機場

火車：米蘭瑪律彭薩機場→多莫多索拉→布里格→菲斯普→策馬特

### Part 2：策馬特到夏慕尼

火車：策馬特→菲斯普→馬爾蒂尼→瓦洛辛訥→夏慕尼

## 入境申根國須持有 ETIAS 旅行許可證

受益於〈申根公約〉，持臺灣護照者可免簽證在申根國之間過境。但二〇二一年起，歐盟規定必須先取得 ETIAS 旅行許可證，才能免簽證入境。申請通過後，三年內可無限次數入境。但在許可證有效期間內護照到期了，則要重新申請。

## 建議攜帶重要文件、交通票證的影本

旅行文件、重要證件、緊急聯絡人與臺灣駐外機構的聯絡方式等資料，都應該列印紙本備用。即使已有交通票證的電子版，還是要印出來帶著，讓旅行更加保險。

旅遊指南

# 住宿篇

阿爾卑斯山的攀登季節落在春末夏初之際，這段時間的天氣型態相對穩定，較為暖和，且有更長的日照時間可供登山者進行活動。攀登的旺季通常也是旅遊的旺季，夏天的阿爾卑斯山充滿了來自世界各地的旅客，飯店、旅館、露營地，甚至是山屋都人滿為患。即使幸運訂到房了，但旺季物價水漲船高，想前往的旅客得特別留意。

## 青年旅館

CP 值最高的選擇，居住條件比露營地舒適，也比較適合短暫停留的旅客，是一個能好好睡覺、洗澡、吃飯與交朋友的地方。

### Zermatt Youth Hostel

距離市中心不到五分鐘的步程，且正對著馬特洪峰，擁有極佳的視野。價格包含早餐、床包與被單，可以寄放

住宿資訊

行李，需自備盥洗用具。烹飪區只能煮熱水和烤麵包，且有門禁時間。住一晚約五十瑞朗。

&#128100; Staldenstrasse 5, 3920 Zermatt

&#9742; +41-27-967-23-20

&#9993; zermatt@youthhostel.ch

### The Matterhorn Hostel Zermatt

距離 Zermatt Youth Hostel 不遠，建築為當地獨有的傳統木屋，別具特色，每個房間也十分溫馨。較可惜的是這

住宿資訊

間並沒有提供早餐，因此價格上比 Zermatt Youth Hostel 更便宜些。

&#128100; Schluhmattstrasse 32, 3920 Zermatt

&#9742; +41-27-968-19-19

&#9993; info@matterhornhostel.com

### La Folie Douce Hotel Chamonix

位在夏慕尼街道尾端的複合式旅館，內裝典雅，外部則像是一座莊園。提供宿舍式的共享房型，也有家庭房、個人房等私人

房型，價格區間廣，從簡便
到奢華一應俱全，也有商店、
餐廳，幾乎可以算是一座小
鎮，即使不出門也能在裡頭
待上一整天。無論選擇何種房型，任何人
都可以享受其舒適的公共區域，例如戶外

住宿資訊

游泳池、健身房與廣闊的草坪。一般的宿
舍房型住一晚約是四十歐元。

🪧 823 Allée Recteur Payot, 74400 Chamonix

☎ +33-4-50-55-10-00

✉ infos@lafoliedoucehotels.com

## 露營地

適合有攜帶露營用品（例如帳篷、鍋具）
的旅人。若對住宿的要求不高，想長時間
停留在一地享受自然生活，不妨找塊露營
地，也可省下一些住宿費。

### Camping Zermatt

距離火車站僅兩分鐘步行距
離，旁邊就有量販超市，生
活上不會有太大的問題。營
地內附有浴室與烹飪區，冷、
熱水皆有，也能充電。每人收費十瑞朗，
帳篷另計。

住宿資訊

🪧 Spissstrasse 17, 3920 Zermatt

☎ +41-79-536-46-30

✉ info@campingzermatt.ch

### Camping les Arolles

距離南針峰纜車站僅一公
里，位於夏慕尼的郊區。相
較於繁華的街道，此處更顯
寧靜。由於交通便利，且又

住宿資訊

是夏慕尼鎮上唯一的營地，這裡自然聚集
著眾多背包客，尤其以登山、健行者居
多。營區採每帳六歐元、每個大人六點六
歐元的計費方式，人越多越划算。這裡同
樣會提供盥洗、電力、烹飪區等基本設
備，滿足各種生活上的需求。

🪧 281 Chemin du Cry, 74400 Chamonix

☎ +33-6-75-02-26-44

✉ infocamping@lesarolles.com

## 保險篇

### 出國登山要保什麼險？

臺灣的登山活動常保旅遊平安險，而一般登山險的保障範圍沒有包含海外登山。在歐洲較常使用的救難方案則是加入登山俱樂部 (alpine club)，採取會員年費制，價格一般落在每年五十歐元左右。

這些俱樂部有充足的登山資源，給予會員登山、攀岩及滑雪等戶外活動安全保障。除了享有全球性緊急救援服務（直升機、醫療、交通）之外，去有合作的山屋也可享有優惠價格（這些山屋往往都是依靠登山俱樂部才得以進行修繕與經營）。

保額方面，以奧地利登山俱樂部 (Austrian Alpine Club [UK]) 為例，能夠理賠將近兩萬五千歐元的直升機費用，也涵蓋醫療、接駁、返國等項目。但保險往往牽涉諸多法律問題，千萬不要因為疏忽條文細項而無法取得賠償，建議詳讀各家保險的說明書，並主動向保險公司、登山俱樂部取得更詳細的資訊，確保自己不會買錯保險。

除了加入登山俱樂部之外，還可以考慮加保特定活動險。針對登山、攀岩、滑雪、潛水、滑翔翼等高風險特定活動，這類保險的保障內容有身故、失能與醫療險，還有海外急難救助險，直升機搜救的費用也一併整合在內，若不放心可額外購買。

### 我的經驗

在抵達策馬特之前，我已有投保旅平險、壽險、殘廢險以及其餘附約，但考慮到人在海外，又從事高風險類型

保險資訊

活動，呼叫直升機與當地救難的費用似乎難以由保險公司理賠。因此我透過當地的登山資訊站找到一家位於策馬特的直升機救難公司 Air Zermatt AG，並在其位於火車站旁的基地購買了救難卡 (rescue card)，費用約是每年臺幣一千五百元左右。辦理的流程相當方便，當時我只花了短短半小時就完成所有手續，便安心乘著纜車前往馬特洪峰進行攀登。

# 裝備篇

## 裝備是登山客的第二條生命線

近年來，八千公尺高峰每年登頂成功的人數顯著提升，遇難人數也相對變得越來越少，最主要的原因是裝備的改善，讓攀登的過程變得更加安全。

舉例來說，在海拔八千公尺以上的「死亡地帶」(death zone) 移動時，氧氣濃度會從原本的百分之二十降至原先的三分之一（約百分之七點五）。紅血球攜氧量下降，人的意識會變得模糊，身體也會因為缺氧而迅速邁向死亡。

但這些問題可以靠氧氣瓶來改善。比起過去沒有氧氣瓶的時代，攀登高山的成功率增加了不少。

## 做好事前準備，更有空間面對突其來的狀況

很多裝備帶了不一定會用到，例如衛星電話、醫藥包、預備糧等，有時會覺得「這次沒帶也不會怎樣吧？」

但墨菲定律告訴我們，心存僥倖認為不會發生的壞事，越可能會發生。既然可能會發生，那何不轉守為攻，利用這些「早知道」來好好準備登山，讓人更有空間面對突如其來的狀況。

## 先花心思認識裝備，再下手購買

雖然登山不應該盲目地追求裝備，但在商業蓬勃的時代，很常會衝動買了沒必要的東西。像是頭燈、睡袋或外套這樣的貼身用品，舊的明明還能用，卻會因為打折或是一時鬼迷心竅而多買好幾個，最後成為根本用不到的裝備。

作為一個浪擲過冤枉錢的人，更知道最後會留在身邊且能發揮效用的，往往是那些便宜又大碗的裝備。我建議剛開始不必想著一次把裝備買齊或追求昂貴的品牌，這往往會讓你傾家蕩產，好幾個月都得吃泡麵度日。相信我，因為我是過來人。

任何事都有輕重緩急，購買裝備也不例外。裝備有必備的，也有輔助的，選購的

大前提是使用者必須花心思認識裝備，也就是知道它們每一個的使用時機，且懂得正確操作，如此才能決定哪些先買、哪些不必，既能少花冤枉錢，還能減少背負的重量，延長膝蓋的壽命。

另外，很多人買了裝備才發現不是真的適合自己，因此不少性價比高且價格實惠的二手商品開始大量在網路上流通，也讓購買裝備這件事有了新的領域可以探索。

## 「技術攀登」與「健行」的裝備需求並不相同

與國內情況很不同的是，國外在登山名詞的定義上通常有很明確的區分，會用技術攀登 (mountaineering or alpinism) 與健行 (hiking) 去指涉兩種不同型態的攀登方式。

技術攀登在難度或技術要求上都比健行更高，而且活動區域大多不在步道上，所以裝備的使用方式也比較複雜。

雖然臺灣的登山活動是以健行為主，但接下來提到的所有裝備，會以我這一次旅程所屬的「技術攀登」為討論範疇。另外，**輕量化**是現代登山無可避免的議題，那麼裝備該如何去蕪存菁？後文也會提及。

以下的介紹都是基於我過往的經驗，有些人可能會覺得太過隨性或麻煩。但我只能說，想爬山還是得靠自己的努力，多看不同資料，多方參照，一步步實踐，終究能找到適合自己的選項與策略。套一句實用的老話，「沒有最好的裝備，只有最適合的裝備」。

## 必帶裝備

### 背包 backpacking pack

#### 考量點 1：容量

在選購喜歡的背包款式以前，應依照行程天數去選擇背包的容量。

我發現在歐洲當地最常見的容量都落在三十五升到五十五升之間，我使用的則是四十升的 Mystery Ranch Pitch 40 包款。只要適當打包，這個大小的背包要裝下四、五天的裝備，應該綽綽有餘。

## 考量點 2：材質

由於技術攀登的地形多變，背包抗刮耐磨的程度會影響使用的壽命。該如何選擇適合自己的材質，得考慮重量與地點。

以厚度來說，厚的布料雖然抗刮，但也較重，行進速度會被拖慢。有些厚的布料甚至還會吸水，越背越重。而太薄的布料雖然較輕，卻容易被刮破，讓背包裡的東西邊走邊掉。

不過，在臺灣不太需要擔心背包被刮破，因為臺灣山區基本上充滿植被，即使樹枝勾到也不至於會弄破背包。但在阿爾卑斯山，或一些海拔更高的高山區域，稍不小心，裸露的鋒利岩石劃過去就是一個洞。

## 考量點 3：收納

由於登山繩、冰斧、冰爪與頭盔幾乎是必帶裝備，所以選購背包時也要考慮是否有可以收納這些裝備的扣環或綁帶。

一般來說，具備強大外掛性能的攀登包會十分適合技術攀登。這類背包的特點是擁有大量的扣帶組合，並以卷口取代拉鍊，可以很簡單地壓縮收納，而且防潑水，即使遇雪也能保持內部乾燥。

## 考量點 4：背負舒適度

剛開始接觸登山時，我總認為背包只要裝得下就好，好不好背是其次。但隨著登山次數增加，就越覺得行進間的疲勞感不僅來自內容物的重量，更多是因為背得不舒服而造成。

有人會說背包功能大同小異，最後只是在比較品牌與外觀。但仔細說起來，背包幾乎沒有用不到的時候，也是除了衣褲之外與身體最貼近的裝備，背起來不舒適將帶來長時間的折磨。

雖然大多數的登山包都很昂貴，但長遠來看，投資好的背包比其他裝備還值得。

## 登山鞋 shoes

登山的事前準備經常遇到的另一個問題，就是選鞋。無論是哪一種鞋，價格都不算低，款式也非常多，究竟該穿高筒還是中筒、防不防水，或者哪個牌子好，許多人總是為此傷透了腦筋。

以臺灣的山林環境來說，如何挑選其實沒有標準答案，主要是看個人的登山習慣，有些人甚至練就了赤腳行走的功夫。不過，目的地若是阿爾卑斯山，問題就更複雜了，需要**依照攀登路線決定鞋款**。簡單來說，可以分為越野跑鞋、健行鞋、登山鞋與攀岩鞋。這些鞋款就像是分布在同一條連續光譜上，彼此之間只有些微區別，而非完全相異。

與一般的運動鞋相比，登山鞋的包覆性較好，最主要的功能是讓腳部在長時間行走中保持舒適的狀態。大多數的登山鞋也會應用 Gore-Tex 技術來提升透氣防水性，適合穿著它在泥濘的地面上行走。

登山鞋的缺點是重了許多，行走速度勢必有所犧牲。因此，為了能夠更快速地抵達想要攀登的岩壁底下，會選擇穿接近鞋 (approach shoes)。接近鞋有輕量化、抓地力強的特點，非常適合在崎嶇的石頭路上行進，但壽命比登山鞋短。兩者的比較整理如下表：

|  | 登山鞋 | 接近鞋 |
|---|---|---|
| 抓地力 | 有些登山鞋主打抓地力極好的「黃金大底」，但重點是提升鞋底與地面的接觸面積才能增加摩擦力，達到防滑效果 | 使用摩擦力極強的橡膠鞋底、鋸齒鞋紋，讓攀登者快速在大石上移動，甚至能在看似平滑的岩面上施展摩擦 (smearing) 技巧，踩住極小的腳點 |
| 耐用度 | 根據我的經驗，有適當保養與清潔的登山鞋，鞋齡至少可以長達三年，比接近鞋更長 | 為了維持較輕的重量，接近鞋所使用的布料較少，更容易和銳利的岩石摩擦，耐用度比登山鞋低 |
| 軟硬度 | 鞋底厚，支撐性強，不易折彎 | 鞋底一般使用橡膠來製作，比較軟 |
| 防水性 | 登山鞋的布面與內襯通常有做防水處理，遇到雨天、泥濘地都有不錯的防水性 | 雖然有的接近鞋會做 Gore-Tex 塗層，但鞋筒低，難以保證防水。但好處是整雙鞋溼了比較快乾 |

| 重 量 | 為了保暖與支撐性，登山鞋的布料和鞋底比較厚重，但廠商也紛紛推出輕量化的登山鞋 | 打著輕量化的優點，接近鞋造福了許多從事技術攀登的攀岩者，讓他們不必背著厚重的登山鞋爬上岩壁 |
|---|---|---|
| 冰爪搭配 | 大多數冰爪皆可搭配 | 只能搭配簡易的輕量化冰爪 |

至於臺灣登山界最常見的鞋款是雨鞋。除了溯溪之外，幾乎百岳、郊山健行、中級山探勘都太常看到雨鞋的蹤影了。

雨鞋具有完全防水、防滑、保護性佳、便宜等優勢，但使用時需要一定的技巧，並不適合完全沒有登山經驗的新手。

此外，雨鞋也不建議單獨穿。為了增加行走的舒適度與保護腳踝，時常需要加購鞋墊和護踝。

**我入門時是穿登山鞋，後來有在探勘以後才開始穿雨鞋**，因此對兩者的優缺點算是小有心得，整理如下表：

| | 登山鞋 | 雨 鞋 |
|---|---|---|
| 防水性 | 較不穩定，即使有 Gore-Tex 塗層，若沒有搭配綁腿，大雨仍然會潑進鞋子裡，遇到泥巴坑積水時也得想辦法避開。防水性並非永久，每次登山完都要清潔保養 | 永久防水，完全不用擔心雨天弄溼襪子，高筒雨鞋遇到水坑也能直接踩過去。若不幸弄溼了，在營地裡也很快地回到乾燥狀態。爬完山沾滿了泥巴，要清洗也很容易 |
| 包覆性 | 較佳，能減緩登山對腳踝造成的壓力，下坡腳趾不會不舒服 | 較差，不加護踝容易受傷 |
| 舒適性 | 穿起來很舒服，適合長程重裝的登山路線 | 穿起來較不舒適，長時間使用也可能對腳造成傷害 |

| | | |
|---|---|---|
| 穿脫時間 | 較慢，因為大多數登山鞋都是綁鞋帶的設計，穿脫需要時間 | 快速，直接套進去即可 |
| 重 量 | 不一定。輕量化的越野跑鞋可以很輕，而八千公尺專用的雙重靴可能一隻腳就要兩公斤 | 一般來說較重，但習慣以後就不會覺得重了 |
| 支撐性 | 較佳，通常底部越硬，支撐效果越好 | 通常不佳，踩在小的腳點上常會軟掉 |
| 保暖度 | 較佳 | 極差 |
| 適用地點 | 百岳、雪地、技術攀登 | 中級山探勘 |

## 雨鞋到了雪地還能不能用？

我的答案是「不適合」。

詳細來說，雨鞋並非不能在有雪的地方使用，但面對臺灣大多數的山，雨鞋能應付的狀況有限，例如只能在可以輕易踢出步階的軟雪上，或在有晚春殘雪的高山步道上使用，更何況臺灣降雪都是從三千公尺以上先開始，地形只要稍有變化，雨鞋本身就是一種危險因子。

倘若真的要穿雨鞋去有雪的地方，有件事得先知道——雨鞋的鞋底材質和登山鞋相比，恐怕不夠堅硬，勉強裝上綁帶式冰爪以後，只要一遇到崎嶇不平的地面，雨鞋就會直接變形，無法支撐住冰爪，隨時都可能鬆脫。

再者，雨鞋透氣性、保暖性皆不佳。雨鞋的材質完全是橡膠，不僅無法保暖，還可能會返潮。寒冷與潮溼雙重打擊，更有可能引發壕溝足 (trench foot)，造成腳部組織壞死潰爛，嚴重的話還可能要截肢。種種原因都說明雨鞋不適合用來雪地攀登。

## 如何挑選技術攀登的登山鞋？

### 1. 鞋子的重量

平時很少人會特別注意鞋子的重量，但其實鞋子的重量對行進速度的影響遠比想像中來得更大。即使重量只差幾百克，但考量爬升的高度與距離，累積起來也是十分可觀。

雖說輕的鞋走起來更快，但相對地會損失一點保暖度與舒適度，支撐性也比重裝鞋低。負重步行時，壓在腳上的重量不斷受到震動衝擊，而這些力量直接被腳吸收，無法有效分散在鞋子上，長時間下來會造成雙腳不適。

### 2. 防水性

除了一般常見的 Gore-Tex，市面上還有另一種稱作 eVent 的材質，也具有防水、透氣的功能。但這兩種材質採用不同的防水膜技術，因此在性能與保養頻率上還是有所差異。

簡單來說，eVent 的透氣性比 Gore-Tex 好，但使用者需要勤做保養，維持布料表面的清潔；Gore-Tex 雖犧牲了一點透氣性，但耐久度較好。作為技術攀登時用以防風保暖的外層，我想 Gore-Tex 會更加適合。

雖然 Gore-Tex 用在登山鞋上能防水，下雨下雪都不會弄溼襪子，但萬一鞋子內部潮溼，防水層造成溼氣出不去，襪子是很難變乾的，這也是防水登山鞋為人詬病的地方。

### 3. 有無前後的凹槽可以加裝冰爪

冰爪的固定方式大致有三種，分別是綁帶式 (strap-on)、全快扣式 (step-in) 以及混合式 (hybrid)。登山鞋有無凹槽將決定未來能使用哪種冰爪，購買時必須特別留意。

基本上，綁帶式的冰爪能安裝在大多數的登山鞋上。

技術需求高的使用者應該考慮全快扣式冰爪。它能提供更準確的踩點與牢固性，方便快速穿脫。為了安裝這種冰爪，登山鞋的鞋尖與鞋跟會有一塊塑膠凹槽。

至於混合式的冰爪，最少鞋跟要有塑膠凹槽的設計。

### 地圖與指北針  map and compass

我第一次學習使用地圖和指北針是在大學的登山社,一開始其實覺得莫名其妙,過去登山只要事先載入離線地圖和航跡,收拾好裝備就能出發,怎麼現在要拿這種原始人用的東西來定位?

但後來想想 , 要是隨身攜帶手機 、 開啟 GPS 就可以取代地圖與指北針,每年也不會有這麼多人在山林中迷失。

在收訊不好的山區,只要好好使用地圖與指北針 , 就能迅速準確地找到自己的位置,並知道前進的方向。而讀圖定位是一項需要長時間練習的技巧,熟練者在沒有路跡的森林或雪地中也能找到出路 。 再說,若是長時間待在山上,電力資源彌足珍貴 , 手機或 GPS 的電池在寒冷環境下也容易失效。因此,地圖和指北針是相當重要的工具。

## 一般裝備

### 保暖衣物  clothes

冰河的日夜溫差大,夜晚的溫度極有可能降到零下。前往冰河以前,應依照個人耐寒能力準備保暖衣物。

### 襪子  socks

鞋子返潮、防水失效,或是雪掉進鞋子,造成雙腳浸泡在溼冷且不透氣的襪子裡,有可能引發壕溝足,嚴重的話會導致腳部皮膚感染、壞死,甚至要截肢。所以在高山長時間活動,至少該準備兩雙以上的羊毛運動襪,確保雙腳一直維持乾燥。

### 防水手套  gloves

在攀登的過程中,有時會用到冰斧,準備一雙握感舒適又防水的手套是必要的。

另外,攀登者穿襪子、戴手套,著重四肢的保暖,熱量才不會從末梢流失。若覺得技術用的手套不夠溫暖,可多準備一雙羊毛手套。

### 睡袋  sleeping bag

這趟旅行我使用的是填充八百克的羽絨睡袋,適用於大多數狀況,但在零度左右

的低溫下，當我在冰河上露營時幾乎冷得徹夜未眠。

未來我會考慮購買舒適溫度在負二度左右的羽絨睡袋，遇到更低溫的環境時，多穿衣服、多加睡袋內襯，藉此提升睡袋內部溫度；夏天太熱的話，就把拉鍊拉開，改用蓋的。如此一來，在冰河露宿相信不會是大問題了。

## 睡墊 sleeping pad

選擇睡墊時，要特別注意包裝上所標示的 R 值。簡單來說，R 值是物體抵抗熱傳導的能力，數值越高通常也越保暖。

依我的經驗，R 值 2 的蛋殼睡墊適合三季使用，在臺灣綽綽有餘。前往高海拔、寒冷地區探索時，可考慮 R 值更高的充氣睡墊。這類睡墊能墊高背部與地面的距離，有效隔絕冰河寒氣，保住背部的熱空氣，收納起來也僅一個寶特瓶大小，相當適合在四千公尺以上的高海拔山區使用。

## 露宿袋 bivy sack

露宿袋是一種輕量化的睡眠系統。簡單來說，露宿袋就是睡袋的防水套──把睡袋放在露宿袋裡面，底部加上睡墊以後便是一個簡單的單人帳篷，可以在空間狹窄、不易搭建帳篷的地方使用，常見於阿爾卑斯式攀登、大牆攀登，甚至是八千公尺以上的高海拔技術攀登，許多登山家會把露宿袋當作機動性極高的帳篷。

此外，露宿袋也能在山難時作為緊急遮蔽物，用來替傷者保暖、防止失溫，爭取救援的時間。

## 帳篷 tent

要使用什麼樣的帳篷在冰河上露營，必須先考慮帳篷的幾種類型。登山用品店最常用三季帳、四季帳來區分。

四季帳的布料、營柱質料更為堅固，能夠抵擋強風、積雪，保暖度也較佳。至於重量，由於四季帳的內帳沒有拼接透氣網，完全封閉外部與內部，以達到保暖、防風之優勢，因此會比三季帳更沉一些。

在夏季夏慕尼的冰河上露營時，我使用的是 Kelty Salida 2 雙人三季帳。即使有堆砌雪牆來抗風，我的帳篷在風狂雨驟的夜晚仍然搖搖欲墜，迫使我必須用雙手從內部推著來防止整個帳篷被吹垮。直到黎明將

至，風雨才漸漸趨緩，我也才安然睡去。經過這次的體驗，未來我應該不會嘗試在冰河上使用三季帳來過夜。

## 急救毯 space blanket

急救毯可用來緊急露宿，當作睡袋內層大大提升內部溫度，也能墊在潮溼的地面上隔絕水氣與寒意。

而急救毯最重要、也最令人意想不到的用途則是發送求救位置，因為它具有高度反光的特性，能讓直升機上的救難人員更快發現下方的傷者。多樣化的功能讓急救毯成為登山者的好夥伴。

## 綁腿 gaiters

綁腿可以防止雪進入鞋子裡，也有保護及保暖的功能。

## 太陽眼鏡 sunglasses

雪地上的反射光極強，即使是陰天也可能覺得刺眼，大太陽直接曬進雙眼更可能會造成雪盲，因此準備一副能夠完全包覆眼睛的太陽眼鏡是必要的。

## 防曬乳、防曬唇膏 sunscreen

冰河上通常沒有遮蔽物，遇到晴朗的好天氣需要注意高海拔強烈的紫外光，記得攜帶防曬乳及防曬唇膏。

## 水壺 bottle

水是冰河上最豐富的資源，只要把深層的雪煮到融化便能飲用，因此準備小一點的保溫瓶即可，好處是節省重量與空間，也能避免只帶普通水壺，但內部的水結冰。

另外，晚餐時可多煮一些熱水裝進保溫瓶，讓自己整個夜晚都有水喝。

## 大力膠帶 duct tape

大力膠帶有很強的黏著性，幾乎可以使用在各種表面上，而且材質是聚乙烯，所以也能防水。帳篷或背包破掉都能用大力膠帶修補，甚至可以拿來修補鞋子，實用性極高。

## 路線指南 guidebook

這種指南會提供攀登路線的所有資訊，例如路線描述、總長、攀升高度、難度、估

時等，協助攀登者更快判斷該走哪條路、知道難關 (curx) 所在，攜帶真的能用上的裝備。

目前這種地區攀登路線指南有很多都已經線上化，網路上也有詳細且豐富的相關資訊，建議登山者做好功課再出發。

## 哨子 whistle

在冰河上最有可能發生的緊急狀況就是跌進裂隙。當救難人員抵達時，吹哨子便能快速發出位置訊息，讓救難人員更快找到自己。

哨子可以簡單分為高音哨和低音哨。高音哨的聲音較大，低音哨的聲音較遠。

## 頭燈 headlight

在阿爾卑斯登山時，常要趕在黎明之前啟程。雖然夏季日照時間較長，但還是可能要摸黑走路，因此要準備頭燈與備用電池。

## 登山杖 trekking pole

在一般健行用的登山杖上加裝阻雪板 (powder baskets) 即可。適當使用登山杖可以降低膝蓋磨損，也能探測前方雪況。有用過登山杖爬山的人一定可以了解，登山杖在四十至五十度的雪坡上尤其好用。但要特別注意，登山杖只是一種輔助工具，依然要搭配冰斧使用。

## 爐具 stove

高山風大，若沒有擋風設備，燒煮食物的效率會極低，而且海拔高度上升，大氣壓力下降，煮水的沸點也會隨之降低，導致熱水不熱，花了很久的時間都是白做工。無謂的能量浪費也是一種風險，應該盡量避免。

因此建議使用效率爐，例如 MSR Reactor、MSR WindBurner、Jetboil system stove。效率爐的特殊設計，能讓熱量鎖在爐具底下的線圈內部，用極少的燃料來煮沸熱水。

## 衛星電話 satillite phone

在偏遠地區登山時必須準備衛星電話，沒有訊號也能向外求援。在阿爾卑斯山，熱門的登山活動範圍都收得到訊號，因此可以用一般手機取代衛星電話。

# 技術裝備

## 冰爪 crampons

冰爪讓攀登者能在雪地行走，遇到硬冰時能持續活動，而不至於滑倒。

## 冰斧 ice axe

滑落制動與冰攀時會使用冰斧，在冰河行進時也能作為登山杖輔助行走。

## 快扣 quickdraw

用來連接繩子與保護點（岩械或錨栓），確保攀登者墜落時不至於直接落到地面。

## 繩子 rope

攀登時以動力繩為主，粗度大約在八點五公釐到十公釐。

## 吊帶 harness

攀岩吊帶等於身體的一部分，目的是讓繩子連接攀登者，並且在墜落受到衝擊時，分散力量到全身。

吊帶主要分為三個部分。第一是腿環及腰帶，用以支撐身體。第二是確保環，功能是安裝確保器與需要承受力量的器械。第三是裝備環，常見的吊帶上都會有四個以上的裝備環分布在兩側，用來放置攀登時使用、暫時不需要承受力量的器械。

## 頭盔 helmet

頭盔有二個功能。第一是遇到落石可以保護頭部。第二，一般在戶外岩場進行先鋒攀登時，因為地形複雜，攀登者難以全盤掌握，所以會建議配戴頭盔，防止墜落擺盪時頭部直接撞擊岩面。

## 確保器／下降器 belay/rappel device

一般最常使用的確保器為 ATC，俗稱「豬鼻子」。確保器是透過繩子的轉折與接觸金屬的摩擦力來控制繩子的長短，主要用途為保障攀登者墜落時能被確保者用繩子接住，再控制收繩與放人下降。此外，這類統稱為確保器的裝備，也可以在垂降時使用。

## 自我確保 lanyard

自我確保可以是簡單的尼龍繩或專用安全挽索，目的是在沒有確保者時，依然能保持安全狀態。使用方式為裝在吊帶上並連接有鎖鉤環，將自己連接在固定點上。大部分的自我確保可以調整長度，讓吊掛者處於舒適狀態。

## 有鎖鉤環 locking carabiners

有鎖鉤環主要使用在確保器上，廣義用途為連接各自獨立的設備，設有閘門可以上鎖，安全程度更高，因此在重量的配置上會比無鎖鉤環更沉重一些。

## 普魯士繩環 prusik cords

普魯士繩環常見的直徑為六公釐到八公釐，有很多種用途，建議準備兩條以上，且不同長度。普魯士繩環最常作為「第三隻手」輔助安全垂降，另外則是在上升器攀登時作為腳繩，用來減輕雙手負擔，甚至在必要時還能拆開作為輔助繩使用。整體來說，普魯士繩環具有輕量化與多功能特性，價格也相對低於 dyneema 材質的繩環，因此成為技術攀登、攀岩、冰攀與溯溪等活動的絕佳夥伴。

## 繩環 runners

建議使用 dyneema 材質的繩環，這類材質有高強度、輕量化與防水的特點，常被用來繞岩角之類的天然支點。在地形複雜多變的高山，活用性高、能快速架設的繩環是必備物品。此外，繩子不夠用時能緊急延長（延長後的繩子在垂降時會遇結，得進行系統轉換來過結，操作複雜，建議使用者要特別注意），也能用來延長快扣長度避免轉折。但要注意 dyneema 材質無法耐熱，打結以後也會降低繩環強度，必須謹慎使用。

## 割繩刀 knife

割繩刀是輕便好收納的銳利小刀，平時會收起刀片，用鉤環掛在吊帶上隨身攜帶。垂降時，銳利的刀鋒可以輕鬆割斷繩索，次要功能則是切割食物。

## 保護／岩械 protection

根據有沒有會移動的部件，保護可以區分為主動式和被動式。先從主動式說起。這類岩械一般由四個凸輪裝置組成，透過按壓可以使凸輪縮小，置入裂隙後放開便可以將裂隙兩側抵住，掛入快扣後即形成一

個牢靠的保護支點。至於被動式岩械，包含 Nut、Tricam、Hex 與 Big Bro，簡單來說是利用內大外小的喇叭口、不平行的裂隙將被動式岩械塞入後卡住，利用岩石天然的特徵來製造保護點。如何選擇岩械，可參考易思婷（小 Po）寫的《傳統攀登》。

## 岩械取出器／牙籤 nut tool

岩械取出器是用來拆卸已經固定在岩壁上的被動岩械。基本上，沒有受過力的岩械只要朝著放入的反方向輕輕一拽，稍微鬆動後就可以取出。反之，若攀登者墜落受力在岩械上，跟攀者 (seconder) 就會較難回收岩械，這時使用牙籤來將其「摳」出會更容易。

## 冰螺栓 ice screw

冰螺栓的功能和岩械相同，但專門用於冰雪環境中。冰螺栓的前端是銳利的螺牙，中段是螺旋狀的紋路，後端則是能掛入快扣的耳片（把手）。使用方式是將冰螺栓刺入冰面，確認咬住以後，利用另一端的把手不斷旋轉，直到完全沒入冰層之中。這時的冰螺栓作為掛入繩索的固定點，能讓攀登者在陡峭的冰壁上安全攀爬。

## 攀岩鞋 climbing shoes

顧名思義，攀岩鞋就是專門用來攀岩的鞋子。鞋底材質為橡膠，有很高的防滑性，可以踩著很小的腳點，同時支撐腳底。

## 上山前，先進行「一物多用」評估

買裝備是一回事，要不要帶上山是另外一回事。要記得，背負的重量絕對會影響攀登。如果不想背太重，或是想要步入輕量化的領域，在上山前可以試著進行「一物多用」的評估，問問自己以下問題：

### 1. 是否為必要用品？

例如，衛星電話雖然只能用來打電話，但急難發生時，也就只有衛星電話派得上用場，因此衛星電話是一定要帶的裝備。

### 2. 是否為一般用品？

一般用品是較為籠統的分類，什麼裝備該分為一般用品其實難以定義，每個登山者的狀況都不同。例如，怕冷的人就得多帶一些保暖衣物，容易流汗的人可能需要帶第二雙襪子，這些都必須按照個人習慣來判斷，自行決定這些裝備是否要帶上山。

### 3. 是否可以一物多用？

若一個裝備既非必要，也不是一般用品，純粹只是用來讓登山更為方便，那我會建議先自問：「它能不能做超過一件以上的事？」如果可以，等於省去了部分裝備的重量。如果不行，就得好好考慮要不要把它留在山下了。

## 裝備真正的價值

最後想再強調一次，裝備的價格和實用性沒有絕對的相關性。我相信有很多人是這樣的——越便宜的裝備越捨得用，而昂貴的裝備放在架上欣賞的時間比較多，使用後出現一點點痕跡都好心痛。

但裝備不能盡情地拿來消耗，那又何必買呢？況且真金不怕火煉，好的裝備早已料想到使用者會遇到的狀況。我認為，**裝備真正的價值必須由它身上留下的痕跡來衡量**，且必須要能反應在使用者身上，才真正算數。

## 急救包

| 項 目 | 數 量 | 功 能 |
|---|---|---|
| 解熱鎮痛抗炎藥 | 一　盒 | 止痛、退燒 |
| 腸胃藥 | 四　包 | 治療胃痛、腹瀉 |
| 丹木斯 | 依狀況而定，正確使用劑量可向醫生諮詢 | 預防急性高山病，副作用包含頻尿、指尖麻木感 |
| 類固醇 | 依狀況而定，正確使用劑量可向醫生諮詢 | 抗發炎藥物，主要治療高海拔腦水腫 (HACE) 與高海拔肺水腫 (HAPE)，使用後必須緊急下撤 |
| 抗組織胺 | 一　盒 | 防止過敏反應 |
| 腎上腺素針劑 | 三至五支 | 過敏性休克 (anaphylaxis) 的緊急用藥 |
| 抗生素藥膏 | 一　條 | 外傷消毒用軟膏 |

| | | |
|---|---|---|
| 生理食鹽水 | 三　罐 | 消毒、清理傷口用 |
| 酒精棉片 | 五　個 | 消毒（打針前） |
| 優碘試片 | 五　個 | 外傷消毒 |
| 紗　布 | 六　個 | 覆蓋傷口 |
| 棉　花 | 一　包 | 止血 |
| 棉花棒 | 一　包 | 消毒、清理傷口用 |
| 人工皮 | 兩　片 | 用於擦傷、燙傷之皮膚上，防止傷口暴露在外 |
| ok 繃 | 四　個 | 保護傷口 |
| 小剪刀 | 一　支 | 裁切繃帶等固定用敷料 |
| 大力膠帶 | 一　捲 | 多功能，可以用來固定骨折部位 |
| 繃　帶 | 兩　捲 | 固定紗布與其他傷口上之敷料 |
| 彈性繃帶 | 兩　捲 | 包紮傷口，用以加壓止血 |
| 三角巾 | 兩　個 | 固定骨折、脫臼之部位 |
| 針　筒 | 一　個 | 藥物注射用 |
| 醫生聯絡表 | 一　張 | 緊急聯絡，尋求專業建議 |

## 攝影硬體

### Sony α 7R III │ 全片幅無反光鏡相機

搭配高達 4,200 萬像素的感光元件，十分適合使用在風光、建築、人像攝影。我會使用這臺相機的主要原因是 Sony E 接環鏡頭。原廠鏡頭表現固然出色，銳利度與對焦速度無可挑剔，但價格昂貴是一大痛點。所幸 Sony 的鏡頭群眾多，轉接各種老鏡頭 (vintage lenses) 也依然維持優異

的成像，且副廠的選擇多樣化。副廠如 Tamron、Sigma 和 Zeiss 也有推出原生鏡，對焦表現、銳利度都和原廠相比毫不遜色。

## Sony 16-35 mm F 2.8 GM｜恆定光圈的超廣角變焦鏡頭

優異的變形控制與邊角銳利度維持，使它成了市面上廣角焦段最出色的鏡頭之一。也許是受到電影攝影師艾曼紐爾·盧貝茲基 (Emmanuel Lubezki) 的影響，我一直很喜歡廣角鏡頭的透視感。那種微微變形的畫面包含眼前的一切，也讓我更能看見山岳的壯闊。16 mm 超廣視角有驚人的一〇七度，這讓我能拍出肉眼無法看見的畫面。用來拍攝人像時，35 mm 的焦段也能讓我自由地調整與被攝者的遠近。總體而言，此鏡頭有著輕巧的體積，作為旅行鏡頭可說是省下不少空間與重量。

然而，廣角鏡頭最大的挑戰便是構圖。因為鏡頭包含的內容物太多，更需要透過構圖去找平衡點。長期使用下來，也讓我養成不會隨意按下快門的習慣。此焦段確實不適合每個人，但若是專攻建築、風景攝影，相信這支鏡頭絕對能滿足大部分的需求，也能讓人適時停下腳步，放慢拍攝節奏，並且珍惜每個值得按下快門的瞬間。

## Peak Design capture｜相機快扣系統

利用安裝於相機底部的 Arca Swiss 快拆板固定相機，在要拍照時可以快速取出相機。快拆夾可安裝在後背包的肩帶上，底座則是適用於大部分相機的四分之一英吋螺絲。只需按下保險按鈕，便可拿取相機。放置在肩上，鏡頭自然下垂，而不會像相機背帶那樣晃來晃去，固定後也不妨礙行動，更可空出雙手應付眼前的事，非常適合熱愛旅行的攝影師。

# 網路卡篇

出國旅行，網路卡哪裡買？目前有三種方案。第一，在臺灣就先上網買好網路卡，出發前寄到手上，抵達時立刻就能使用。再者，如果只是一般的健行活動，不會進行有難度的攀登，且人數超過三人的話，可以考慮租用網路分享器。第三種方法則是到現場再買，購買地點與方案如下：

綜合資訊

## 瑞　士

市面上較常見的電信公司有 Sunrise、Swisscom 與 Salt，就覆蓋範圍與網速來說，這幾家都有不錯的品質。

網路卡方案

如果待在瑞士的時間不到一個月，買易付卡 (prepaid card) 就夠了，例如 Sunrise 就有旅客專用的易付卡漫遊專案，包括單次 100 MB、使用完再加值的，也有給網路需求較高用戶的無限漫遊專案。

至於活動範圍不只在瑞士的旅客，各家電信業者也有提供包含全歐洲的網路服務，這樣就不必每到一個國家就得另外再買網路卡，購買時可以特別留意。

### 在策馬特買網路卡

電信業者：Sunrise

使用範圍：瑞士或全歐洲

地點 瑞士郵局 (SWISS POST)

地址 Bahnhofstrasse 46, 3920 Zermatt

如何前往 步出策馬特車站後，朝著教堂廣場的方向走約三百公尺，遇到 Walliserkanne 餐廳後向右轉，直行不久後可以看到亮黃色招牌上寫著 SWISS POST，就是這裡。

使用評價 覆蓋範圍廣，網速穩定，連我在馬特洪峰山頂時仍能連到滿格 4G，並打視訊電話給家人報平安，整體來說十分可靠。

## 法 國

在法國，我會推薦 Orange 電信。以整個歐洲來說，它的規模最大，在各大旅遊網站也不難看到推薦這家業者的文章，可見影響力之大，品質自然有保障。

網路卡方案

Orange 的覆蓋範圍同樣包含歐洲大多數國家，購買易付卡漫遊專案也十分方便。如果決定要使用這一家的網路卡，也可以提早上網預訂，約七至十天便會寄到臺灣，省去不少到當地才買的時間。

---

在夏慕尼買網路卡

電信業者：Orange
使用範圍：法國或全歐洲
地點 Tabac Loto Souvenirs du Mont-Blanc
地址 223 Avenue Michel Croz, 74400 Chamonix-Mont-Blanc

---

如何前往 步出夏慕尼車站後，朝大街方向前行約五十公尺，位在右側的一間禮品／彩票店。

使用評價 由於我在夏慕尼的大多數登山行程都集中在南針峰到白朗峰區域，離主要城鎮較近，網路基本上都能收到滿格訊號。若要到更偏遠的區域活動，建議事先查詢訊號的覆蓋範圍。

# 嚮導篇

## 嚮導是軍師，而非保母

嚮導是一個提供經驗與技術的指導者，他們可以從旁協助攀登者找到路徑，並在危急時刻判斷情勢，做出更好的抉擇。但有不少人誤解了嚮導的職務，把所有工作都拋給嚮導去完成，自己卻沒有做到登山最基本的要求。姑且不論登山技術，在體能、安全觀念上的不足，都會對自己或嚮導造成極高的風險。**就算請了嚮導，登山者也得釐清自己的責任**，了解路線怎麼走，會遇到哪些困難，體力上能否應對，在行前和嚮導達成撤退的共識，不能執意要求。山下的合作關係是這樣，在阿爾卑斯的攀登更是如此。

## 如何聘僱嚮導？

除了在網路上聯絡與預約私人嚮導之外，策馬特登山者中心也有 IFMGA 認證的嚮導，價格落在一千到一千三百瑞朗（約臺幣四萬元）。熱門路線可以找嚮導，較冷僻的路線也能向中心詢問是否有經驗老道的嚮導能夠帶領。當然也有提供簡單的冰河健行、訓練、高山適應等課程，觀光與較有難度的技術攀登都有。

嚮導資訊

聘僱嚮導前要特別留意，有時網站顯示的價格不包含其他瑣碎的開銷，例如嚮導的交通、食宿與裝備租用，臺幣四萬元很可能只是底價。若有不清楚之處，建議打電話、發電郵釐清所有費用後，再決定是否合作。

以臺灣人的角度來看，四萬多元的嚮導費算是相當昂貴，但在一頭栽進獨自訓練、嘗試進行沒有嚮導的攀登之前，必須思考的是，取得嚮導資格需要投資一定的時間與金錢，必須通過山域安全的綜合訓練，不僅要有能力帶領客戶，更要能有效處理突發狀況，且嚮導除了要具備登山能力，在攀岩、滑雪、急救方面，也都要獲得專業機構的核可後才能帶隊。風險和報酬永遠是相對的，若把上述各層面換算成實際費用，那麼四萬多元並不貴。

# 飲食篇

## 山下的糧食計畫

### 早餐

原則上，我會購買可以長期保存、無須太多烹飪程序的食物。

在歐洲的超市可以買到作為早餐的食物，不外乎是麥片、牛奶與麵包。我會一次買好幾種不同口味的麥片，加上多種莓果、葡萄乾混合後，分裝成好幾袋，這樣就能知道每天要吃的量是多少。

為了營養均衡，以及儲備足夠的能量來準備登山活動，我也會適時搭配水果、培根與水煮蛋，讓每天的早餐稍有不同。

### 午餐

無論是在旅行還是登山，午餐永遠是一天中最隨性的一餐。為了方便且快速，午餐以不開伙為前提，因此除了麵包與餅乾之外，並沒有太多選擇。

值得一提的是，我投宿的青年旅館 Zermatt Youth Hostel，住宿費包含隔天的早餐，當我發現同房的朗吃完以後，拿出夾鏈袋開始打包一份三明治，我問他：「這樣外帶餐廳的食物是可以的嗎？」

朗回我：「這些食物就算我不帶走，剩下來的也會被當成垃圾處理掉。沒人說不行帶走的話，我這麼做不也是好事一樁嗎？」

被他這麼開導，我也把打包三明治這個「大媽行徑」學起來。之後只要前一晚是住青旅，那麼隔天的午餐就會是旅館三明治。外帶旅館的食物，也可以是一種美德。

### 晚餐

日常晚餐以泡麵為主。不是因為我愛吃泡麵，而是吃泡麵有很多意想不到的好處。

首先，泡麵的容量小，方便壓縮，又輕，適合旅行者。再來，只要燒開水即可烹煮，節省燃料和時間，適合帶到山上吃。

在阿爾卑斯山的一個月裡，我以泡麵為主食，再到超市或市集買食材當佐料。有時買條培根，加幾顆球芽甘藍，這樣湊成一餐，比上餐廳吃到的還美味可口。

然而，旅行有趣的地方包含體驗異國食物，而且外食的開銷也不是天天都有。既然都遠赴阿爾卑斯爬山了，就讓自己把握機會，試著找間餐廳、酒吧，揪幾個路上遇見的夥伴，點幾盤道地的食物，配上一杯爽口的啤酒，好好慶祝登山歸來吧！

## 登山三日的糧食計畫

以最普遍的三日技術攀登行程為例，必須考慮食物的重量、保存、營養，以及料理的需水量、需燃料量。當然我們都希望食物能夠輕量化、保存期長、營養價值高，而且不用太多水與燃料就能食用，但這畢竟是天方夜譚，實際上只能按照自己的行程盡可能列出最佳糧食清單。以下是此行我的山上糧食計畫：

| | Day 1<br>南針峰雪地適應 | Day 2<br>塔庫山 | Day 3<br>宇宙稜線 |
|---|---|---|---|
| 早　餐 | 香蕉×2 | 法國麵包、可可、起司<br>(babybel cheese) | 麥片、可可、能量果膠 |
| 午　餐 | 能量棒×1 | 能量棒×2 | 能量棒×2 |
| 晚　餐 | 義大利麵快煮包、奶茶 | 通心粉快煮包、奶茶 | 下山吃 |
| 其　他 | 行進糧（KitKat 巧克力棒、堅果）、預備糧（泡麵×1）、燃料（高山瓦斯×1） | | |

首先，為了在啟程時就擁有足夠的體力，早餐我都選擇具有高碳水化合物、能迅速提升血糖的食物來吃，例如香蕉、麵包、能量棒等。

到了中午，能量會快速消耗。此時補充能量棒、巧克力、餅乾最能立刻恢復身體的狀態。

至於晚餐，我會選擇快煮包。快煮包在山下只能算是一道簡單的餐食，絕對比不上在廚房裡煮好的佳餚。但在山上，燃料珍貴，做任何廚事都要追求效率最大化。只要融化冰塊，滾好熱水倒進包裝中，短短三分鐘便可以在低溫環境下享受熱呼呼的義大利麵、焗飯、炒飯，比前兩餐更為可口。

通常在山上的飢餓感都是短暫的。雖然初期會覺得無力，但等到升糖素開始作用以後，飢餓感就會快速消失。只要想到在山上頂多待個三天，與其久留受凍，不如快速完成目標，安全下山後再吃個痛快，也不失一個好方法。

## 水分攝取

由於我的手汗與腳汗問題特別嚴重，電解質流失快速，需要補充大量水分才不會脫水，所以在阿爾卑斯山攀登時，包含行進用水與烹煮早、晚餐時的飲料，每日的水分攝取量大約在二點五公升。

但每個人需要的水量不同，有些人本來就不用喝太多水，如果飲水過量同樣會有電解質失衡的問題，所以了解自己的身體特質很重要。

除了帶水，電解質也可適量攜帶，例如最方便使用的發泡錠、運動飲料粉末，既能補充大量流失的電解質，還能讓沒有味道的冰河融水更好入口。

# 自學篇

登山是一種結合各種技巧的活動，但要去哪裡學這些技巧呢？以下分享我自己常參考的書籍與網路資源。

## 書籍

除了課程以外，書籍絕對是學習最好的夥伴。然而，光是讀完八百多頁的《登山聖經》中文版，就得花上好一段時間，所以我會先用自己的方法嘗試，遇到問題再翻書參考。

任何書都一樣，並非讀完就精通了，而且一本書能乘載的知識量也有限，書中教的也不一定正確，所以讀完書不僅要實際操作，還要查找其他資料佐證。以下是我最推薦的三本書。

### 登山聖經 *Mountaineering*
登山協會 (Mountaineers Club)／著　崔宏立、張簡如閔／譯　商周出版

登山界公認的教科書，無論是剛入門還是老手，都建議看一看。

內容包羅萬象，從登山衣著到山中氣象，無一不說，卻又深入淺出，非常適合系統性的自學或教學使用。

說這本書很萬用一點也不誇張，它包含大部分登山者會遇到的問題，從基礎到進階，例如技術攀登、冰攀等都有涵蓋。

我認為本書的目標並非讓你看了以後就能馬上去爬高山，而是當你遇到困惑時，本書會是一個架構完整的檢索表，翻開目錄就能立刻看到關鍵字，知道要翻到第幾頁找答案。

此外，本書時常更新，最新版本是二〇一七年的第九版，可見其使用之廣，得到讀者的認可。

*Training for the New Alpinism:*
*A Manual for the Climber as Athlete*

史帝夫・豪斯 (Steve House)、史考特・強斯頓 (Scott Johnston)／著　Patagonia 出版

我參考這本書的網路精簡版來規劃行前訓練，回臺後才正式購入實體書，發現內容超乎想像。在我看來，這本書不僅將技術攀登當作一門學問來探討，更把登山當作一個可以長久投資的目標，以體操、舉重、短跑等傳統運動的訓練標準來看待。

作者之一的史帝夫・豪斯為專業登山家、嚮導、訓練顧問，其登山生涯囊括無數艱鉅路線的首攀，足跡遍布世界各地，也曾在海拔八千公尺以上進行阿爾卑斯式攀登。他一生都在追求技術攀登訓練的科學化，在本書中寫下長年在高山上的經驗、各種訓練背後的實際效用，以及登山者所面臨的挑戰，引導登山者更有效率地設計訓練菜單。

本書的知識背景廣泛包含運動生理學、心理學與營養學等，把平時不會特別注意、十分單純的單元拆解為細項，包含心理層面的心智訓練 (mental training)、生理層面的耐久度訓練 (endurance training) 與肌力訓練 (strength training)，也回到身體的基礎，探究力量與耐久度的關係。

除了訓練方法，書裡也解釋在高海拔地區活動的生理機制如何改變、如何適應氧氣稀薄的高海拔地區。

無論原先的程度在哪，讀這本書最重要的目的是破除體能上的瓶頸。若有了渴望達成的目標，就必須嚴格進行訓練、規律飲食，適當安排休息天來恢復，並且避免過度運動造成的傷害。擁有了自己的方法以後，進步才會是自己的。

## 傳統攀登

易思婷（小 Po）／著　麥田出版

作者目前在美國拉斯維加斯擔任 AMGA 認證的攀岩嚮導，曾寫下《睡在懸崖上的人》、《我的露營車探險》、《一攀就上手》等戶外類書籍。

這本書算是進階攀岩指南書，適合有運動攀登、繩索基礎的人閱讀。書中詳細介紹傳統攀登的知識與技巧，從保護裝備介紹起，讓讀者理解各種類型的岩械適合使用的時機、作用機制、安全檢查以及保養，接著說明保護點 (protection)、固定點 (anchor) 的架設方式，如何安全且快速地架設良好的支點。

此外，作者也提供了十分完善的安全判斷準則，鼓勵初學者在傳統攀登時要跳脫原本的思考框架，靈活運用教科書內容，讓裝備不只有一種用途。

本書的後半部分還介紹了大牆攀登、多繩距攀登和自我救援等進階的攀岩技巧，也值得進階的攀岩者閱讀。

## 網路資源——找路線

### Camptocamp

Camptocamp.org 致力於推廣登山運動，透過論壇蒐集廣大山友的登山記錄，將資訊整合成更容易閱讀的形式，接近路線、距離、爬升高度、難易度等數據一目瞭然。有詳盡的路線文字描述，資料皆能回溯，更可直接看見不同時間點的攀登回報。網站支援英文、中文等多種語言，欲前往阿爾卑斯山的人可多多

看更多

利用。Camptocamp 論壇更新的頻率較高，路線的回報也相對更加可信。

### Summitpost

形式類似前者，也提供一般敘述性資訊，有更多圖像資料，路線描述也很清楚。但還是建議搭配 Camptocamp 一起使用，才能更全面掌握路線狀況。

看更多

## 網路資源——找教學（YouTube 頻道）　　＊排越前面越適合初學者

### REI

REI 是北美最大的戶外用品店，其事業領域包山包海，從攀岩到深潛，滑雪到划船，想得到的都有賣。到美加地

看更多

區進行戶外活動，必須考慮裝備與燃料補給時，通常會選擇落腳在有 REI 分店的城市。REI 的頻道內容偏向裝備介紹。如果你是新手，對於該帶什麼裝備毫無頭緒，可以從 REI 開始看起。

## EpicTV

影片整體品質高，會介紹各種品牌的戶外用品，並特別著重於技術攀登裝備。雖然 EpicTV 有經營網路商店，但影片看不出太多推銷成分，任何裝備的短處都會一一點明。介紹方式淺顯易懂，適合新手快速抓到購買方向。此外，EpicTV 也提供有趣的攀岩短片和微電影，並更新登山界訊息，讓人更有動力走出舒適圈，挑戰困難的目標，豐富自己的視野。這個頻道也找得到更深入的技術攀登教學片。

看更多

## Outdoor Research

影片是由 AMGA 認證嚮導和登山用具品牌合作拍攝，為教學片導向，講解初階攀岩技術，解釋各個步驟背後的目的，並比較不同方法的優缺點。但建議要有一些攀岩的基礎知識再去看。

看更多

## SIET, School for International Expedition Training

影片內容與前一個類似，但更偏向雪地技術攀登，包括技術攀登的支點架設

(anchor)、垂降技術 (rappel techniques)。影片會特別解說攀登意外常發生的步驟，更著重於安全觀念的傳達，以及小細節的疏忽。雖然片量較少，但每一部都值得細細品味，非常適合想要進一步學習的登山者。

看更多

## ORTOVOX International

這個頻道的影片結合山岳滑雪 (backcountry skiing) 運動，在救援、救傷方面更偏專業取向，可能不太適合初學者。有針對冰河上的突發事件，例如冰河裂隙救援 (crevasse rescue)、雪崩搜救 (avalanche rescue) 等專業技術，做了一系列的影片解說。

看更多

## Climbing Tech Tips

完全著重於攀岩技巧演示，影片短，內容精要。除了攀岩動作，也會融合瑜珈、運動後伸展等有氧運動，幾乎就是一套進階攀岩教材。就連攀登技術頂點的大牆攀登 (big wall climbing) 與人工攀登 (aid climbing) 也有提及。有豐富攀岩

看更多

經驗的登山者可以參考此頻道，精進自身技巧。

以上教學頻道只是網路資源的冰山一角。只要花時間，任何人都可以從中找到好用的資料。但即使影片說得再詳細，若沒有親自操作，甚至去冰河實地演練，也就只是紙上談兵，遇到狀況也無法及時反應。

最好的方式還是將影片當作課前預習，記下重要的操作步驟，在嚮導陪伴指導之下進行練習，持續爬山來複習。

以滑落制動 (self-arrest) 為例，根據滑落方向是頭上腳下或頭下腳上、上坡或下坡，就有四種不同組合，光是記得冰斧要怎麼釘進雪中讓身體轉正就十分困難了，還要注意在快速滑落的狀況下保持冷靜，這聽起來很抽象，但也暗示著學習和實際演練的巨大差別，唯有透過不斷練習才能將其變成肌肉記憶，牢牢記住。

## 網路資源——看天氣

### Weather-forecast.com

在這個網站查得到全世界的氣象資料，號稱能精準預測十二日內的天氣。這是我在阿爾卑斯山最常用來查詢天

看更多

氣預報的網站，不敢說完全準確，但至少沒遇過嚴重失誤，值得信賴。

在網站中，氣象資訊清楚呈現，介面也好操作，使用者可以快速得知未來的天氣，很適合登山使用。還有進階的疊圖功能，主要欄位有溫度、風速、雲、雨量、積雪、溼度與日出日落時間，時間尺度則可以從早、中、晚擴增成每隔一小時顯示。

## 附錄參考資料

### 難度分級

http://ari.rdx.net/abc/info/grade_alpine.htm

http://publications.americanalpineclub.org/articles/12196412700/National-Climbing-Classification-System

http://www.alpinist.com/p/online/grades

http://www.mountain.ru/eng/climb/2004/grade/

https://firstlightguiding.com/international-grade-comparison/

https://mauricechen67.wixsite.com/yosemite/single-post/2017/08/16/解讀優勝美地guidebook

https://mountainmadness.com/resources/climbing-rating-systems

https://sportrock.com/understanding-climbing-grades/

### 霍恩利脊

https://trekandmountain.com/2018/05/03/matterhorn-hornli-ridge-a-guides-guide/

https://trekandmountain.com/2018/05/03/matterhorn-hornli-ridge-a-guides-guide/

### 獅子脊

http://pobega.ro/lion-ridge-matterhorn/

https://it.m.wikipedia.org/wiki/Via_normale_italiana_al_Cervino

https://travelingtunas.com/europe/matterhorn-via-liongrat/

https://www.summitpost.org/cresta-del-leone-liongrat-or-sw-ridge/840797

https://www.gordonstainforth.co.uk/the-second-ascent-of-the-matterhorn

### Zmuttgrat

http://www.cosleyhouston.com/matterhorn-zmutt.htm

https://fatmap.com/routeId/586883/Matterhorn_via_Zmutt_ridge/@45.9777455,7.6564425,1200.2966651,-20.2163246,-146.0419907,4013.7764991,normal

http://pobega.ro/zmutt-ridge/

https://www.hikr.org/tour/post54906.html

### Furggengrat

http://www.mountain.org.tw/WebBBS/Record/RecordOne.aspx?RecordID=33&MessageID=15787

https://www.summitpost.org/furggen/823922

https://www.walter-hoelzler.de/bericht/matterhorn-direkter-furggengrat/

## 北壁路線

https://trekandmountain.com/2018/05/03/matterhorn-hornli-ridge-a-guides-guide/

https://tomgrant.guide/2011/11/01/matterhorn-north-face-schmidt-route/

https://www.shuttledirect.com/blog/iconic-ascents-the-matterhorn/

https://www.trekhunt.com/blog/en/climbing-matterhorn-from-zermatt/

https://zermatterhorn.info/the-mountain-with-3-names-matterhorn-cervino-cervin/

## 裝備篇

https://atlasguides.com/hiking-shoe-weight/

https://blog.gooutdoors.co.uk/waterproof-goretex-event-explained/

https://hiking.biji.co/index.php?q=news&act=info&id=13220

https://sectionhiker.com/sectionhiker-gear-guide/10-best-winter-sleeping-bags/

https://www.advnture.com/features/approach-shoes-vs-hiking-shoes

https://www.mountaingurus.com/mountaineering-boot-guide/

https://www.rei.com/learn/expert-advice/crampons-snow-ice-climbing.html

https://www.rei.com/learn/expert-advice/mountaineering-checklist.html

# 一草一天堂：英格蘭原野的自然觀察
## Meadowland: The Private Life of an English Field

英國亞馬遜
分類榜 No.1

溫萊特獎
The Wainwright Prize
獲獎作

約翰 ・ 路易斯 - 斯坦伯爾 (John Lewis-Stempel) ──著
羅亞琪──譯

鄉間草原看似平凡，但四季遞嬗孕育出多采多姿的花草與動物。作者以農夫與作家的雙重身分，在一年的自然筆記中，分享被自然環繞的生活與新奇知識，交織人文地景和自然觀察，除生態知識外，亦深富文化底蘊。這是一本擁抱自然的書，透過作者入微的觀察與細膩的筆觸，看見大自然裡美好與複雜的一面。

## 好評推薦

**胖胖樹 王瑞閔**｜作家・部落格「胖胖樹的熱帶雨林」版主　　**徐仁修**｜荒野基金會董事長
**張東君**｜科普作家　　**黃仕傑**｜科普書籍作者・自然觀察家
**黃貞祥**｜清華大學生科系助理教授

國家圖書館出版品預行編目資料

與山的一支獨舞：與自己同行，阿爾卑斯山攀登之旅
／林雋著.－－初版一刷.－－臺北市：三民，2021
　　面；　　公分.－－(Insight)

ISBN 978-957-14-7294-2　（平裝）
1. 遊記 2. 登山 3. 旅遊文學 4. 阿爾卑斯山

740.9　　　　　　　　　　　　　110014994

Insight

# 與山的一支獨舞：

## 與自己同行，阿爾卑斯山攀登之旅

| | |
|---|---|
| 作　　者 | 林　雋 |
| 責任編輯 | 翁英傑 |
| 美術編輯 | 陳惠卿 |
| 封面設計 | DONZ Design |
| 發 行 人 | 劉振強 |
| 出 版 者 | 三民書局股份有限公司 |
| 地　　址 | 臺北市復興北路 386 號 ( 復北門市 ) |
| | 臺北市重慶南路一段 61 號 ( 重南門市 ) |
| 電　　話 | (02)25006600 |
| 網　　址 | 三民網路書店 https://www.sanmin.com.tw |
| 出版日期 | 初版一刷 2021 年 10 月 |
| 書籍編號 | S840100 |
| I S B N | 978-957-14-7294-2 |

三民書局